Iz Amminega srca

Pogovori z

Šri Mato Amritanandamayi

Prevedel in zapisal
Svami Amritaswarupananda

Mata Amritanandamayi Center, San Ramon
California, Združene države

Iz Amminega srca

Pogovori z Šri Mato Amritanandamayi
Prevedel in zapisal Svami Amritaswarupananda

Izdal:
  Mata Amritanandamayi Center
  P.O. Box 613
  San Ramon, CA 94583
  Združene države

———————————— *From Amma's Heart (Slovenian)* ————————————

Prva slovenska izdaja MA Center: april 2016

V Sloveniji: www.amma.si
          amma.slovenia@gmail.com

V Evropi: www.amma-europe.org

V Indiji:
  www.amritapuri.org
  inform@amritapuri.org

To knjigo podarjam Lotusnim Stopalom
naše najbolj ljubljene Amme,
viru vse lepote in ljubezni

Kazalo

Aum Amriteswaryai Namah

Uvod

Brez verbalne komunikacije bi bilo človeško življenje bedno. Izmenjava idej in delitev čustev so bistveni del življenja samega. Vendar je tišina, ki jo dosežemo skozi molitev in meditacijo tista, ki nam resnično pomaga najti mir in pravo srečo v tem hrupnem svetu konfliktnih razlik in tekmovanja.

V običajnem vsakodnevnem življenju, kjer ljudje morajo vzajemno vplivati drug na drugega in komunicirati v številnih situacijah, se je težko držati tišine. In četudi nam naša okolica omogoča mir, ni tako lahko ostati v tišini. To lahko običajne ljudi pripelje celó do norosti. A vendar je prava narava božanskih osebnosti, kot je Amma, blažena tišina.

Ob opazovanju Amme, kako ravna v različnih situacijah in z ljudmi po vsem svetu, sem videl milino in popolnost, s katerima prehaja iz enega stanja v drugo. V nekem trenutku je Amma naj-višji duhovni Mojster, že v naslednjem pa sočutna mati. Včasih se vede kot otrok, drugič kot vodja. Po razglasitvi CEO nagrad znanstvenikom in svetovnim voditeljem je preprosto vstala in odšla v dvorano za daršan, kjer je sprejemala in tolažila na tisoče Svojih otrok iz vseh družbenih slojev. Navadno Amma prebije ves svoj dan in večino Svoje noči ob tolaženju Svojih otrok, jih posluša, briše njihove solze, jim vliva vero, zaupanje in moč. Ob vsem tem Amma vedno ostaja v svojem naravnem stanju vedrine. Nikoli se ne utrudi. Nikoli se ne pritožuje. Njen obraz vedno žari s sijočim nasmehom. Amma, izjemna, a običajnega videza, posveča vsak trenutek Svojega življenja drugim.

Kaj dela Ammo drugačno od nas? V čem je skrivnost? Od kod prihajata Njena neskončna energija in moč? Ammino vedenje jasno in očitno razkrije odgovor na to vprašanje. Njene besede to samo še potrdijo: »Lepota tvojih besed, šarm tvojih dejanj, očarljivost tvojih gibov; vse to je odvisno od globine tišine, ki jo ustvariš znotraj sebe. Ljudje imajo zmožnost, da se v to tišino vse bolj poglabljajo. Globlje kot greš, bolj se približaš Neskončnemu.«

Pravo bistvo Amminega življenja je ta globoka tišina. Brezpogojna ljubezen, neverjetna potrpežljivost, izjemna milina in čistost – vse, kar Amma uteleša, je razširitev prostrane tišine, v kateri uživa.

Bili so časi, ko Amma ni govorila, tako kot to počne danes. Nekoč, ko so jo o tem vprašali, je rekla: »Četudi bi Amma govorila, ne bi ničesar razumeli.« Zakaj? Zato, ker tako nevedni kot smo, ne moremo doumeti najvišjih in najsubtilnejših izkušenj, v katerih je nastanjena Amma. Torej, zakaj potemtakem Amma govori? To je najbolje opisati z Amminimi besedami: »Če iskalcev Resnice nihče ne vodi, potem lahko opustijo svojo pot misleč, da ne obstaja nobeno takšno stanje kot je Samouresničitev.«

Dejansko bi bile takšne Velike Duše kot je Amma raje tiho, kot pa govorile o resnici za tem objektivnim svetom dogodkov. Amma zelo dobro vé, da se Resnica neizogibno popači, ko se izraža skozi besede in da si jo bo naš omejen, neveden um razlagal nepravilno, na način, ki naš ego najmanj vznemirja. A vendar nam to utelešenje sočutja govori, odgovarja na naša vprašanja in razjasnjuje naše dvome, pa čeprav zelo dobro vé, da bo naš um ustvarjal le še več zmedenih vprašanj. Ammina potrpežljivost in neomadeževana ljubezen do človeštva sta vzrok, da stalno odgovarja na naša neumna vprašanja. Ne bo prenehala odgovarjati, dokler naš um ne bo zdrsnil v blaženo tišino.

V posnetih pogovorih v tej knjigi Amma, Mojster Mojstrov, spusti Svoj um na raven Svojih otrok, da bi nam pomagala doseči bežen vpogled v nespremenljivo resničnost, ki služi kot podlaga spreminjajočega se sveta.

Te bisere modrosti sem zbiral od leta 1999. Skoraj vsi pogovori in lepi pripetljaji v tej knjigi so bili zabeleženi med Amminimi turnejami na Zahodu. Ko sem med daršanom sedel ob Ammi, sem skušal poslušati milo, božansko melodijo Amminega srca, ki jo je vselej pripravljena deliti s Svojimi otroci. Ni lahko ujeti čistosti, preprostosti in globine Amminih besed. To zagotovo presega moje sposobnosti. Vendar sem bil le po zaslugi Njenega neskončnega sočutja sposoben zabeležiti te božanske besede in jih zapisati tukaj.

Tako kot Amma Sama, imajo tudi Njene besede globljo dimenzijo kot se nam zdi na prvi pogled – neskončno širino, ki je običajen človeški um ne more zajeti. Moram priznati svojo lastno nesposobnost, da bi popolnoma razumel in cenil globlji pomen Amminih besed. Naš um, ki se potika v vsakdanjem svetu stvari, ne more zaobseči tega najvišjega stanja zavesti, iz katerega govori Amma. Želim reči, da močno čutim, da so Ammine besede, ki so vsebovane v tej knjigi, zelo posebne in nekoliko drugačne od tistih, ki jih najdemo v prejšnjih knjigah.

Moja iskrena želja je bila izbrati in predstaviti Ammine čudovite in neformalne pogovore z Njenimi otroci. Za zbiranje le-teh sem potreboval štiri leta. V njih je resnica, ki obsega celotno vesolje. Besede prihajajo iz globin Ammine zavesti. Torej, tik pod površjem teh besed je ta blažena tišina – Ammina prava narava. Berite z globokim občutkom. Premišljujte in meditirajte na ta občutek in besede bodo razkrile svoj notranji pomen.

Dragi bralci, prepričan sem, da bo vsebina te knjige obogatila in še povečala vaše duhovno iskanje s tem, ko bo razjasnila vaše dvome in očistila vaš um.

Swami Amritaswarupananda
15 september 2003

Namen življenja

Spraševalec: Amma, kakšen je namen življenja?

Amma: To je odvisno od tvojih prioritet in kako gledaš na življenje.

Spraševalec: Moje vprašanje je, kakšen je »pravi« namen življenja.

Amma: Pravi namen je izkusiti tisto, kar je onkraj tega fizičnega obstoja.

Vsekakor, vsak gleda na življenje drugače. Večina ljudi vidi življenje kot nenehen boj za preživetje. Takšni ljudje verjamejo v teorijo: »Najbolj prilagojeni bodo preživeli.« Zadovoljni so z običajnim načinom življenja – na primer, da dobijo hišo, službo, avto, ženo ali moža, otroke in dovolj denarja za preživetje. Da, to so pomembne stvari in moramo se osredotočiti na svoje vsakodnevno življenje in prevzemati svoje odgovornosti in obveznosti, majhne in velike. Vendar je v življenju še nekaj več, nek višji namen, to je spoznati in se ovédeti, kdo smo.

Spraševalec: Amma, kaj pridobimo s spoznanjem, kdo smo?

Amma: Vse. Občutek popolne izpolnjenosti, da nam ni treba v življenju doseči absolutno ničesar več. To spoznanje napravi življenje popolno.

Ne glede na vse, kar smo si nakopičili ali kar si prizadevamo doseči, se večini ljudi zdi življenje še vedno nepopolno – tako kot črka »C«. Ta praznina ali primanjkljaj bo vedno tu. Le duhovno spoznanje in uresničitev notranjega Jaza (Atmana) lahko zapolni to vrzel in združi ta dva konca, ki bosta naredila krog, kot črka »O«. Edino spoznanje »Tistega« nam bo pomagalo čutiti utemeljenost v pravem središču življenja.

Spraševalec: Kako pa je v tem primeru s posvetnimi dolžnostmi, ki jih morajo ljudje opravljati?

Amma: Ni pomembno, kdo smo ali kaj počnemo. Dolžnosti, ki jih opravljamo v svetu, bi nam morale pomagati doseči najvišjo dharmo, ki je enost z univerzalnim notranjim Jazom. Vsa živa bitja smo eno, ker je življenje eno in ima le en namen. Zaradi poistovetenja s telesom in umom, lahko kdo pomisli: »Iskanje notranjega Jaza in doseči Samouresničitev ni moja dharma; moja dharma je delati kot glasbenik ali igralec ali poslovnež.« V redu, če človek tako čuti. Vendar ne bomo nikoli našli izpolnitve, dokler ne bomo usmerili svoje energije k najvišjemu cilju življenja.

Spraševalec: Amma, rekla Si, da je namen življenja vsakogar Samouresničitev. Vendar se ne zdi tako, ker večina ljudi ne doseže uresničitve ali si je niti ne prizadeva doseči.

Amma: To pa zato, ker večina ljudi nima duhovnega razumevanja. To je tisto, kar je znano kot *maja,* varljiva moč sveta, ki zakriva Resnico in oddaljuje človeštvo od Nje.

Pravi namen življenja je, pa naj se tega zavedamo ali ne, uresničiti božansko v sebi. Mnogo je stvari, o katerih morda v svojem sedanjem mentalnem stanju ničesar ne veš. Otročje je reči: »Te stvari ne obstajajo, ker se jih ne zavedam.« Tako kot se razgrinjajo situacije in izkušnje, se odpirajo tudi nova in neznana razvojna obdobja življenja, ki te bodo popeljala vedno bližje tvojemu lastnemu pravemu Jazu. To je le vprašanje časa. Za nekatere se je morda ta uresničitev že zgodila; zagotovo se bo vsak trenutek zgodila drugim; spet drugi pa jo bodo uresničili na poznejši stopnji svojega razvoja. Samo zato, ker se še ni zgodila ali se v tem življenju celó ne more zgoditi, ne misli, da se ne bo zgodila nikoli.

V tebi na tvoje dovoljenje čaka neizmerno znanje, da se bo razkrilo. Vendar, dokler mu ne dovoliš, se to ne bo zgodilo.

Spraševalec: Kdo bi mu moral dovoliti? Um?

Amma: Tvoje celotno bitje – tvoj um[1], telo in razum.

Spraševalec: Je to vprašanje razumevanja?

Amma: To je vprašanje razumevanja in delovanja.

Spraševalec: Kako naj razvijemo to razumevanje?

---

[1] Ko Amma govori o umu, misli na celotno človeško duševnost, predvsem čustva (Op. p.)

Amma: Z razvijanjem ponižnosti.

Spraševalec: Zakaj je ponižnost tako pomembna?

Amma: Ponižnost te usposobi za sprejemanje vseh izkušenj, ne da bi jih sodil. Tako se naučiš več.

To ni vprašanje samo intelektualnega razumevanja. Po vsem svetu je mnogo ljudi, ki imajo v svoji glavi več kot dovolj duhovnih informacij. A koliko izmed njih je resnično duhovnih in si iskreno prizadeva doseči Cilj ali vsaj poglobiti razumevanje duhovnih načel? Zelo malo, mar ne?

Spraševalec: Torej Amma, kakšen je resničen problem? Je to nevera ali pa nam je težko priti iz svoje glave?

Amma: Če imaš pravo vero, potem samodejno padeš v srce.

Spraševalec: Torej je to nevera?

Amma: Kaj misliš?

Spraševalec: Da, to je nevera. Toda, zakaj praviš, da »padeš« v srce?

Amma: S fizičnega vidika je glava najvišji del telesa. Da prideš od tam v srce, moraš pasti. Če pa govorimo v duhovnem smislu, je to dvig in polet v višave.

Bodi bolnik, ker tudi si bolnik

Spraševalec: Kako lahko dobiš pomoč od Satguruja (pravega Mojstra)?

Amma: Da bi prejel pomoč, se moraš najprej sprijazniti s tem, da si bolnik in potem tudi biti bolnik.

Spraševalec: Amma, ali Si naš zdravnik?

Amma: Noben dober zdravnik ne bo hodil naokrog in razglašal: »Jaz sem najboljši zdravnik. Pridite k meni. Jaz vas bom ozdravil.« Četudi ima bolnik najboljšega zdravnika, dokler nima vere vanj ali vanjo, zdravljenje morda ne bo ravno učinkovito.

Ne glede na čas ali prostor, vse operacije, ki se zgodijo na življenjskem prizorišču, izvede Bog. Videl si, koliko kirurgov med izvajanjem operacije nosi masko. Takrat jih nihče ne prepozna. Toda tik za masko je zdravnik. Prav tako je tik pod površjem vseh izkušenj v življenju Božji ali Gurujev sočutni obraz.

Spraševalec: Amma, ali Si neusmiljena do Svojih učencev, ko pride do odstranjevanja njihovega ega?

Amma: Ko zdravnik operira in odstranjuje rakast del bolnikovega telesa, ali si to razlagaš kot neusmiljenost? Če je tako, bi lahko rekli, da je tudi Amma neusmiljena. Vendar se bo dotaknila njihovega ega le, če otroci sodelujejo.

Spraševalec: Kako jim pomagaš?

Amma: Amma Svojim otrokom pomaga opaziti raka njihovega ega – notranje slabosti in negativnosti – in jim olajša, da se ga znebijo. To je pravo sočutje.

Spraševalec: Jih imaš za svoje bolnike?

Amma: Pomembneje je, da *sami* spoznajo, da so bolniki.

Spraševalec: Amma, kaj misliš s »sodelovanjem učencev«?

Amma: Vera in ljubezen.

Spraševalec: Amma, to je neumno vprašanje. Toda ne morem si pomagati, da ne bi vprašal. Prosim, odpusti mi, če sem preveč neumen.

Amma: Kar vprašaj.

Spraševalec: Kakšen je odstotek uspeha pri Tvojih operacijah?

Amma se je glasno zasmejala in častilca nežno krcnila po glavi.

Amma: (smejé) Sin, uspešne operacije so zelo redke.

Spraševalec: Zakaj?

Amma: Ker ego večini ljudi ne dovoli sodelovati z zdravnikom. Zdravniku ne dovoli, da bi dobro opravil svoje delo.

Spraševalec: (nagajivo) Zdravnik si Ti, mar ne?

Amma: (angleško) Ne vem.

Spraševalec: Dobro Amma, kateri je osnovni pogoj, da bo takšna operacija uspela?

Amma: Ko je enkrat bolnik na operacijski mizi, je edino, kar lahko stori, da je pri miru, da ima vero v zdravnika in se mu preda. Dandanes dajejo zdravniki bolnikom celó za majhne operacije anestezijo. Nihče noče izkusiti bolečine. Ljudje so raje nezavestni, kot da bi budni prenašali bolečino. Anestezija bodisi lokalna ali splošna povzroči, da se bolnik postopka ne zaveda. Ko pa pravi Mojster dela na tebi – na tvojem egu – to on ali ona raje počne takrat, ko se zavedaš. Operacija božanskega Mojstra odstranjuje učenčev rakast ego. Ves proces je mnogo lažji, če je učenec sposoben ostati odprt in zavesten.

Pravi pomen Dharme

Spraševalec: Dharmo različni ljudje razlagajo na različne na-
čine. To, da je toliko razlag za en sam izraz, kot je dharma,
povzroča zmedo. Amma, kakšen je pravi pomen dharme?

Amma: Pravi pomen dharme se nam razkrije šele, ko izkusimo
Boga kot svoj izvor in podporo. Ne moreš ga najti v besedah ali
knjigah.

Spraševalec: To je najvišja dharma, mar ne? Toda kako naj naj-
demo pomen, ki ustreza našemu vsakodnevnemu življenju?

Amma: To je spoznanje, ki ga doživi vsak izmed nas, ko gremo skozi različne življenjske izkušnje. Nekateri ljudje to hitro odkrijejo. V hipu najdejo svojo pravo pot in pravi potek delovanja. Za druge je to počasnejši proces. Ti gredo lahko skozi proces raznih preizkušenj in zmot, preden pridejo do točke v življenju, iz katere lahko pričnejo opravljati svojo dharmo v tem svetu. To ne pomeni, da je bilo vse, kar so storili v preteklosti, zaman. Ne, to je obogatilo njihove izkušnje in iz tega so se naučili tudi številne lekcije pod pogojem, da so bili odprti.

Spraševalec: Ali lahko običajno družinsko življenje ter soočanje z izzivi in problemi vsakdanjosti zavira človekovo duhovno prebujenje?

Amma: Ne, če imamo Samouresničitev za svoj končni cilj v življenju. Če je to naš cilj, bomo vse svoje misli in dejanja oblikovali na način, ki nam bo pomagal to doseči, mar ne? Vedno se bomo zavedali svojega pravega cilja. Nekateri lahko med potovanjem iz enega kraja v drugega izstopijo na več postajah, da bi si privoščili skodelico čaja ali kaj pojedli, vendar se vedno vrnejo nazaj na prevozno sredstvo. Tudi ko si privoščijo takšne majhne odmore, se zavedajo svojega pravega cilja. Podobno se lahko tudi v življenju mnogokrat ustavimo in počnemo različne stvari. Vendar se ne smemo pozabiti ponovno vkrcati na prevozno sredstvo, ki nas pelje po duhovni poti in ostati na sedežu tesno pripeti s svojim varnostnim pasom.

Spraševalec: »Tesno pripeti z varnostnim pasom«?

Amma: Da. Med poletom lahko zračni žepki ustvarijo turbulence in zato je vožnja včasih nemirna. Tudi na cesti se nam lahko pripeti nesreča. Zaradi tega je vedno najpomembnejša varnost in zato je potrebno podvzeti določene varnostne ukrepe. Podobno tudi na duhovnem potovanju ni mogoče izključiti situacij, ki lahko povzročijo mentalni in čustveni nemir. Da bi se zaščitili pred takšnimi okoliščinami, moramo poslušati *Satguruja* (pravega Mojstra), se držati discipline in tega, kaj moramo in česa v življenju ne smemo početi. To so ti varnostni pasovi, ki se uporabljajo na duhovnem potovanju.

Spraševalec: Torej kakršnokoli delo že opravljamo, nas to ne sme odvračati od naše najvišje dharme, ki je Božja uresničitev. Amma, je to tisto, kar želiš povedati?

Amma: Da. Tisti med vami, ki želite živeti življenje kontemplacije in meditacije, bi morali imeti ta ogenj hrepenenja ves čas plamteč v svoji notranjosti.

Pomen pojma dharma je: »Tisto, kar podpira« - tisto, kar podpira življenje in obstoj je Atman (notranji Jaz). Torej dharma, čeprav navadno rabljena v pomenu besede »naša dolžnost« ali pot, ki bi ji moral človek slediti v svetu, nazadnje meri na Samouresničitev. V tem smislu se lahko imenujejo dharma samo misli in dejanja, ki podpirajo našo duhovno evolucijo.

Dejanja, izvedena v pravem času, s pravo držo in na pravi način, so dharmična. Ta čut za pravo delovanje lahko pomaga pri procesu očiščevanja. Lahko si poslovnež ali šofer, mesar ali politik; kakršnakoli že je tvoja služba, če opravljaš svoje delo kot svojo dharmo, kot sredstvo do *mokše* (osvoboditve), potem tvoja dejanja postanejo sveta. Na tak način so se *gopijke* (žene kravjih pastirjev) iz Vrindavana, ki so za svoje preživetje prodajale mleko in maslo, približale Bogu in nazadnje dosegle cilj življenja.

Ljubezen in ljubezen

Spraševalec: Amma, kakšna je razlika med ljubeznijo in Ljubeznijo?

Amma: Razlika med ljubeznijo in Ljubeznijo je enaka razliki med človeškimi bitji in Bogom. Ljubezen z veliko začetnico je Božja narava in ljubezen z malo začetnico je narava človeških bitij.

Spraševalec: Toda tudi Ljubezen je prava narava človeških bitij, mar ne?

Amma: Da, če človeško bitje spozna to resnico.

Zavedanje in zavest

Spraševalec: Amma, kaj je Bog?

Amma: Bog je čisto zavedanje; Bog je čista zavest.

Spraševalec: Ali sta zavedanje in zavest ista stvar?

Amma: Da, to je isto. Bolj ko se zavedaš, bolj si zavesten in obratno.

Spraševalec: Amma, kakšna je razlika med materijo in zavestjo?

Amma: Eno je zunaj in drugo je znotraj. Zunanje je materija, notranje pa zavest. Zunanjost se spreminja, notranjost, notranji Atman (notranji Jaz), pa je nespremenljiv. Le v prisotnosti Atmana vse oživi in se razsvetli. Atman je samosijoč, medtem ko materija ni. Brez zavesti ni mogoče spoznati materije. Ko enkrat presežeš vse razlike, vidiš, da je vse prežeto s čisto zavestjo.

Spraševalec: »Onkraj vseh razlik,« »vse je prežeto s čisto zavestjo« - Amma, vedno uporabljaš čudovite primere. Ali lahko daš en tak primer, ki bi to točko še bolje osvetlil?

Amma: (smejé) Na tisoče takšnih čudovitih primerov ne bo ustavilo uma, da bi ponavljal vedno ista vprašanja. Le čista izkušnja bo razjasnila vse dvome. Vendar če razum dobi vsaj malo zadovoljstva od kakšnega takšnega primera, Amma temu ne nasprotuje.

To je tako kot v gozdu. Ko si v gozdu, vidiš vse vrste različnih dreves, ovijalk in drugih rastlin v vsej svoji raznolikosti. Toda ko stopiš iz gozda in se oddaljiš od njega ter ga pogledaš od daleč, vsa različna drevesa in druge rastline postopno izginejo, dokler nazadnje ne vidiš vsega kot en sam gozd. Podobno, ko presežeš um, bodo izginile vse njegove omejitve v obliki nepomembnih želja in vse razlike, ki jih ustvari občutek »jaz« in »ti«. Potem boš začel izkušati vse kot edini Jaz.

Zavest vedno je

Spraševalec: Če je zavest vedno navzoča, ali obstaja prepričljiv dokaz o njenem obstoju?

Amma: Tvoj lastni obstoj je najbolj prepričljiv dokaz zavesti. Ali lahko zanikaš svoj lastni obstoj? Ne, ker je celó tvoje zanikanje dokaz, da obstajaš, mar ne? Predpostavimo, da nekdo vpraša: »Hej, ali si tam?« Odgovoriš: »Ne, ni me.« Celó negativen odgovor postane jasen dokaz, da si še kako resnično tam. Ničesar ti ni potrebno zatrjevati. Že sámo zanikanje je dokaz. Torej v Atmana (notranji Jaz) ne moremo dvomiti.

Spraševalec: Če je tako, zakaj je tako težko doseči to izkustvo?

Amma: »Tisto, kar je« lahko izkusimo le, ko se tega zavemo. Sicer nam ostaja neznano, pa čeprav obstaja. To pomeni le, da ne poznamo resnice tistega, kar obstaja. Zakon gravitacije je obstajal že preden je bil odkrit. Kamen vržen v zrak je vedno priletel nazaj na tla. Enako je zavest vedno navzoča znotraj nas – zdaj, v sedanjem trenutku – toda morda se je ne zavedamo. Dejansko je resničen le sedanji trenutek. Toda, da to izkusimo, potrebujemo nov pogled, novo oko in celó novo telo.

Spraševalec: »Novo telo?« Kaj misliš s tem?

Amma: To ne pomeni, da bo telo, ki ga imaš, izginilo. Videti bo isto, vendar bo prestalo subtilno spremembo, preobrazbo. Kajti šele potem lahko zadrži nenehno razširjajočo se zavest.

Spraševalec: Kaj misliš z razširjajočo zavestjo? Upanišade navajajo, da je Absolut *purnam* (vselej popoln). *Upanišade* pravijo: »*Purnamada purnamidam* …« (»To je popolno, tisto je popolno …«), zato ne razumem, kako lahko že popolna zavest raste?

Amma: To povsem drži. Vendar gre duhovni aspirant na individualni ali fizični ravni skozi izkušnjo razširjanja zavesti. Celotna *šakti* (božanska energija) je seveda nespremenljiva. Čeprav z vidika Vedante (ki se nanaša na hindujsko duhovno filozofijo nedualizma) ni nikakršnega duhovnega potovanja, pa tako imenovano potovanje k stanju popolnosti za posameznika obstaja. Ko enkrat dosežeš Cilj, boš tudi spoznal, da je bil ves proces vključno s potovanjem neresničen, ker si vedno obstajal v tistem stanju, nikoli nisi bil ločen od njega. Dokler pa se ta končna uresničitev ne zgodi, je širjenje zavedanja in zavesti odvisno od napredovanja *sadhaka* (duhovnega aspiranta).

Kaj se na primer zgodi, ko dvigneš vodo iz vodnjaka? Vodnjak se takoj znova napolni z vodo iz izvira pod njim. Izvir bo vedno znova polnil vodnjak. Več vode dvigneš iz njega, več vode iz izvira priteče vanj. Torej lahko rečeš, da voda v vodnjaku raste. Izvir je brezkončen vir. Vodnjak je poln in ostane poln, ker je večno povezan z izvirom. Vodnjak je vselej popoln. A se stalno širi.

Spraševalec: (po tihem premišljevanju) Zelo je jasno, a vseeno zveni zapleteno.

Amma: Da, tega um ne razume. Amma to vé. Kar je najlažje, je najtežje. Najpreprostejše ostaja najbolj zapleteno. In najbližje se zdi najbolj oddaljeno. Še naprej bo uganka, dokler ne boš spoznal notranjega Jaza. Zato *rišiji* (starodavni vidci) opisujejo Atmana kot »najbolj oddaljenega od najbolj oddaljenega in najbližjega od najbližjega.«

Otroci, človeško telo je zelo omejeno orodje. Ne more zadržati neomejene zavesti. Toda ko smo enkrat povezani z večnim izvirom šakti, se bo naša zavest, tako kot vodnjak, širila znotraj nas. Ko enkrat dosežemo stanje najvišjega *samadhija* (naravnega stanja bivanja), bo povezava med telesom in umom, med Bogom in svetom, pričela delovati v popolni harmoniji. Zato ni nobene rasti, ničesar. Ostajaš eno z neskončnim oceanom zavesti.

Brez trditev

Spraševalec: Amma, ali karkoli trdiš?

Amma: Trdim kaj?

Spraševalec: Da si inkarnacija Božanske Matere ali popolnoma samouresničeni Mojster in tako naprej.

Amma: Mar predsednik ali premier neke države tam, kamor pride, naznanja: »Veš kdo sem jaz? Jaz sem predsednik /premier.« Ne. On je, kar pač je. Celó trditev, da si Avatar (Bog utelešen v človeškem telesu) ali Samouresničeni, vsebuje ego. V resnici, če nekdo trdi, da je Inkarnacija, popolna Duša, je to sam po sebi dokaz, da to ni.

Popolni mojstri ne trdijo ničesar takšnega. Oni so s svojo ponižnostjo vselej zgled svetu. Zapomni si, samouresničitev te ne naredi posebnega. Naredi te ponižnega.

Da bi dokazal, da si nekaj posebnega, ni potrebno biti samouresničeni niti ni potrebno imeti nobenih posebnih spretnosti. Edino, kar potrebuješ, je velik ego, lažni ponos. Tega pa popoln mojster nima.

Pomen guruja na duhovni poti

Spraševalec: Zakaj se na duhovni poti pripisuje tolikšen pomen guruju?

Amma: Daj, povej Ammi, ali obstaja kakšna pot ali delo, ki se je lahko učiš brez pomoči učitelja ali vodstva? Če se želiš učiti voziti, te mora tega naučiti izkušen voznik. Otroka je treba naučiti, kako naj si zaveže vezalke. In kako se lahko brez učitelja naučiš matematike? Celó žepar potrebuje učitelja, da bi ga naučil umetnosti kraje. Če so učitelji nujno potrebni v običajnem življenju, mar ni celó še bolj nujen učitelj na duhovni poti, ki je tako zelo subtilna?

Če želiš iti nekam daleč, boš morda želel kupiti zemljevid. Vendar če greš v povsem tujo deželo, v neznan kraj, ni pomembno, kako dobro si preučil zemljevid, saj ničesar ne veš o tem kraju, dokler tja dejansko ne prispeš. Niti ti zemljevid tudi ne more kaj dosti povedati o potovanju samem, o vzponih in spustih na cesti in vseh mogočih nevarnostih na poti. Zato je bolje sprejeti vodstvo nekoga, ki je že opravil takšno pot, nekoga, ki pozna pot iz svoje lastne izkušnje.

Kaj veš o duhovni poti? To je popolnoma neznan svet in neznana pot. Lahko da si zbral nekaj informacij iz knjig in od drugih ljudi. Toda ko se te tudi dejansko lotiš, je na praktični poti *Satgurujevo* vodstvo (vodstvo pravega Mojstra) absolutno potrebno.

Ammin zdravilni dotik

Nekega dne je koordinator Amminih evropskih turnej k Ammi privedel mlado žensko. Ženska je močno jokala. »Ammi ima za povedat zelo žalostno zgodbo,« mi je rekel. V solzah, ki so ji tekle po obrazu, je ženska povedala Ammi, da je njen oče zapustil dom, ko je imela komaj pet let. Kot majhno dekletce je svojo mater spraševala o tem, kje je. Toda mati ni nikoli povedala kaj dobrega o dekličinem očetu, ker je bil njun odnos zelo slab. Z leti je radovednost mlade ženske o njenem očetu postopoma usahnila.

Pred dvema letoma – to je 20 let po izginotju očeta – je umrla njena mati. Ko je pregledovala materine osebne stvari, je bila osupla, ko je v enem od materinih starih dnevnikov našla naslov svojega očeta. Kmalu ji je uspelo dobiti tudi njegovo telefonsko številko. Ker ni vzdržala močnega vznemirjenja, ga je takoj poklicala. Radost očeta in hčerke je bila brezmejna. Po dolgem telefonskem pogovoru sta se odločila, da se bosta srečala. Privolil je, da se bo pripeljal v vas, kjer živi in napočil je ta dan. Toda usoda je bila izjemno kruta, skrajno neusmiljena. Na poti k hčerki je prometna nesreča terjala njegovo življenje.

Mlada ženska je bila strta. Bolnišnično osebje jo je pozvalo na identifikacijo njenega očeta in predali so ji njegovo truplo. Predstavljajte si žalostno duševno stanje mlade gospodične. S silnim pričakovanjem je čakala na srečanje s svojim očetom, ki ga že 20 let ni videla in potem je bilo nazadnje vse, kar je lahko videla, le njegovo mrtvo telo! Še huje pa je bilo to, da so zdravniki mladi ženski povedali, da se je nesreča zgodila zato, ker je oče med vožnjo doživel srčni napad. Morda je bilo to zaradi njegovega vznemirjenja ob misli, da bo po toliko letih zopet videl svojo hčerko.

Tistega jutra, ko je Amma sprejela to mlado žensko, sem bil priča enemu od najčudovitejših in najbolj ganljivih daršanov, kar sem jih kdaj videl. Ko je ženska izjokala svoje srce, Si je Amma obrisala solze, ki so Ji tekle po obrazu. V nežnem objemu je njeno glavo držala v Svojem naročju, ji obrisala solze, jo božala in poljubljala ter ji ljubeče rekla: »Hčerka moja, otrok moj, ne joči!« Amma jo je pomirila in potolažila. Med njima ni bilo skoraj nobene verbalne komunikacije. Ko sem ta prizor opazoval tako odkrito, kot je le bilo mogoče, sem se naučil še ene pomembne lekcije o zdravljenju ranjenega srca in kako se to dogaja v Ammini prisotnosti. Ko je ženska odhajala, je bila v njej očitna sprememba. Videti je bila zelo olajšana in sproščena. Ko je odhajala, se je obrnila k meni in rekla: »Sedaj, ko sem srečala Ammo, se počutim lahka kot cvetlica.«

Amma ob takšnih čustvenih priložnostih uporablja zelo malo besed, še zlasti takrat, kadar z drugimi deli njihovo bolečino in žalost. Le tišina v povezavi z globokim občutenjem lahko odseva njihovo bolečino. V takšnih primerih Amma govori skozi Svoje oči, deli bolečino Svojega otroka in izraža Svojo globoko ljubezen, žalost, podporo in skrb.

Kot pravi Amma: »Ego nikogar ne more ozdraviti. Visoko filozofsko govoričenje z zapletenim izrazoslovjem le zmede ljudi. Po drugi strani pa že sam pogled ali dotik nesebične osebe zlahka dvigne oblake bolečine in obupa s človekovega uma. To vodi k pravemu zdravljenju.«

Bolečina smrti

Spraševalec: Amma, zakaj obstaja toliko strahu in bolečine v povezavi s smrtjo?

Amma: Prevelika navezanost na telo in svet ustvarja bolečino in strah pred smrtjo. Skoraj vsakdo verjame, da je smrt dokončno uničenje. Nihče ne želi zapustiti sveta in izginiti v pozabi. Ko imamo takšno navezanost, je lahko proces zapuščanja telesa in sveta boleč.

Spraševalec: Bi bila smrt neboleča, če bi to navezanost prerasli?

Amma: Če človek preseže navezanost na telo, smrt ne bo postala le neboleča, ampak bo postala tudi blaženo izkustvo. Lahko si priča smrti telesa. Nenavezana drža povzroči, da postane smrt povsem drugačna izkušnja.
Večina ljudi umre v strašnem razočaranju in frustraciji. Pogreznjeni v globoko žalost svoje zadnje dneve preživljajo v strahu, bolečini in skrajnem obupu. Zakaj? Zato, ker se niso nikoli naučili, kako naj se odvežejo in osvobodijo svojih nepomembnih sanj, želja in navezanosti. Starost takšnih ljudi postane hujša od pekla, še posebej zadnji dnevi. Zaradi tega je modrost tako pomembna.

Spraševalec: Se modrost pojavi, ko človek postane starejši?

Amma: To je običajno prepričanje. Tistemu, ki je videl in izkusil vse, medtem ko je prešel skozi različne faze življenja, se modrost verjetno svita. Vendar te stopnje modrosti ni tako lahko doseči, še zlasti ne v današnjem svetu, kjer so ljudje postali tako samoljubni.

Spraševalec: Kakšno ključno lastnost bi moral človek razviti, da bi dosegel to vrsto modrosti?

Amma: Kontemplativno in meditativno življenje. Takšno življenje nam daje zmožnost, da gremo globlje v različne izkušnje življenja.

Spraševalec: Amma, ker večina ljudi na svetu po svoji naravi ni niti kontemplativnih niti meditativnih, ali je to resnično uporabno zanje?

Amma: To je odvisno od tega, kolikšen pomen človek pripisuje temu. Spomni se, da je bil čas, ko sta bili kontemplacija in meditacija sestavni del življenja. Zato so lahko ljudje takrat toliko dosegli, čeprav znanost in tehnologija še nista bili tako razviti kot danes. Odkritja tistih dni so še vedno podlaga temu, kar počnemo v modernih časih.

Tisto, kar je v današnjem svetu najpomembnejše, pogosto ni sprejemljivo, ampak se razglaša za »nepraktično«. To je ena od značilnosti Kali juge, obdobja materialistične teme. Lahko je prebuditi človeka, ki spi, težko pa nekoga, ki se pretvarja, da spi. Je kakšna korist držati ogledalo slepemu človeku? V tem obdobju imajo ljudje raje zaprte oči pred Resnico.

Spraševalec: Amma, kakšna je prava modrost?

Amma: Prava modrost je tisto, kar pomaga napraviti življenje preprosto in lepo.

To je pravilno razumevanje, ki ga človek pridobi skozi pravilno razlikovanje. Pri tistem, ki je resnično vsrkal to lastnost, se to odseva v njegovih mislih in dejanjih.

Človeštvo v sedanjem času

Spraševalec: Kakšno je duhovno stanje človeštva v sedanjem času?

Amma: Na splošno rečeno se po vsem svetu dogaja silno duhovno prebujenje. Ljudje se vsekakor čedalje bolj zavedajo potrebe po duhovnem načinu življenja. Čeprav niso neposredno povezani z duhovnostjo, dosegajo filozofija New Age-a, joga in meditacija čedalje večjo priljubljenost v zahodnih deželah, bolj kot kdajkoli prej. Joga in meditacija sta postali modni v mnogih deželah, še zlasti v višjih družbenih slojih. Osnovno idejo življenja v harmoniji z Naravo in z duhovnimi načeli so sprejeli celó ateisti. Notranjo žejo in občutek po nujni spremembi lahko najdemo povsod. To je nedvomno pozitiven znak.

Po drugi strani pa nenadzorovano raste tudi vpliv materializma in materialnih užitkov. Če se bodo stvari tako nadaljevale, bo to povzročilo resno neuravnoteženost. Ko gre za materialne užitke, uporabljajo ljudje zelo skromno razlikovanje, njihov pristop pa je pogosto neinteligenten in destruktiven.

Spraševalec: Je v tej dobi kaj novega ali posebnega?

Amma: Vsak trenutek je poseben, tako rekoč. Vendar je ta doba posebna, ker smo že skoraj dosegli še en vrh človeškega obstoja.

Spraševalec: A res? Vrh česa?

Amma: Vrh ega, teme in sebičnosti.

Spraševalec: Amma, ali bi prosim to malce podrobneje razložila?

Amma: Po Rišijih (starodavnih Vidcih) obstajajo štiri dobe: Satjajuga, Tretajuga, Dwaparajuga in Kalijuga. Sedaj smo v Kalijugi, temni dobi materializma. Satjajuga, obdobje, ko obstajata le resnica in resnicoljubnost, nastopi najprej. Ko je človeštvo prepotovalo tudi drugi dve, Treto in Dwapara jugo, je sedaj doseglo Kalijugo, zadnjo, ki bo domnevno dosegla višek v naslednji Satjajugi. Vendar pa smo z vstopom, začasnim bivanjem in prihodom iz Treta in Dwapara juge izgubili tudi mnogo lepih vrlin, kot so resnica, sočutje, ljubezen, itd. Doba resnice in resnicoljubja je bila vrh. Treta in Dwapara juga sta bili sredina, ko smo še vedno ohranjali vsaj nekaj dharme (pravičnosti) in *satje* (resnice). Sedaj smo dosegli drugi vrh, vrh *adharme* (nepravičnosti) in *asatje* (neresnice). Temó, ki nas na splošno obdaja, bodo človeštvu pomagale preseči le lekcije ponižnosti. To nas bo pripravilo na vzpon na vrh luči in resnice. Upajmo in molímo, da se bodo ljudje, ki pripadajo vsem veram in vsem kulturam tega sveta, naučili te lekcije, ki je v tej dobi nujna.

Bližnjica do Samouresničitve

Spraševalec: V današnjem svetu iščejo ljudje bližnjice do vseh vrst dosežkov. Ali je kakšna bližnjica do Samouresničitve?

Amma: To vprašanje je, kot da bi vprašal: »Ali obstaja kakšna bližnjica do samega sebe?« Samouresničitev je pot do tvojega lastnega notranjega Jaza. Torej je tako preprosta kot prižgati luč. Vendar moraš vedeti, na katero stikalo pritisniti in kako, ker je to stikalo skrito v tebi. Ne moreš ga najti nikjer zunaj. Tukaj pa potrebuješ pomoč duhovnega Mojstra.

Vrata so vedno odprta. Edino skoznje moraš stopiti.

Duhovno napredovati

Spraševalec: Amma, meditiram že mnogo let. Vendar se mi zdi, da v resnici nič ne napredujem. Mar delam kaj narobe? Ali misliš, da delam prave duhovne vaje?

Amma: Amma želi predvsem vedeti, zakaj misliš, da ne napreduješ. Kakšna so tvoja merila za duhovno napredovanje?

Spraševalec: Nikoli nisem imel nobenih vizij.

Amma: Kakšne vrste vizij pa pričakuješ?

Spraševalec: Nikoli še nisem videl nobene božanske modre luči.

Amma: Kje si dobil idejo, da bi moral videti modro luč?

Spraševalec: Eden od mojih prijateljev mi je povedal. Pa tudi v knjigah sem bral o tem.

Amma: Sin, ne imej nepotrebnih idej o svoji *sadhani* (duhovni vadbi) in duhovni rasti. To je tisto, kar je narobe. Tvoje ideje o duhovnosti lahko same po sebi postanejo kamen spotike na tvoji poti. Delaš pravo *sadhano*, toda tvoja drža je napačna. Čakaš, da se bo pred teboj pojavila božanska modra luč. Čudno pri vsem tem pa je, da absolutno nimaš pojma, kakšna je božanska luč, še več, misliš, da je modra. Kdo vé, morda se je že pojavila, toda ti čakaš na prav posebno božansko modro luč. Kaj če se je božansko odločilo, da se pojavi kot rdeča ali zelena luč? Potem si ga nemara že zgrešil.

Nekoč je nek Ammin sin povedal Ammi, da čaka, da se mu bo v meditaciji pojavila zelena luč. Zato mu je Amma svetovala, naj bo med vožnjo previden, ker se nemara lahko zgodi, da bo peljal skozi rdečo luč, misleč, da je zelena. Takšni koncepti o duhovnosti so resnično nevarni.

Sin, cilj vseh duhovnih vaj je izkušnja miru v vseh okoliščinah. Vse ostalo – bodisi luč, zvok ali podoba – bo prišlo in odšlo. Tudi če imaš kakšne vizije, so samo začasne. Edina trajna izkušnja je popoln mir. Ta mir in izkušnja ravnodušnosti uma sta zares pravi sad duhovnega življenja.

Spraševalec: Amma, ali je narobe, da si želimo takšnih izkušenj?

Amma: Amma ne bo rekla, da je to narobe. Vseeno pa jim ne posvečaj preveč pozornosti, kajti to lahko resnično upočasni tvojo duhovno rast. Če se pojavijo, naj bodo. Takšno je pravo stališče.

Na začetnih stopnjah duhovnega življenja ima iskalec zaradi prevelikega vznemirjenja in nizkega zavedanja veliko napačnih predstav in idej o duhovnosti. Na primer, nekateri ljudje so nori na vizije bogov in boginj. Hrepenenje po videnju različnih barv je druga takšna norost. Za mnoge ljudi so čar čudoviti zvoki. Koliko ljudi vse svoje življenje zapravi v tekanju za *siddhiji* (jogijskimi močmi)! So pa tudi ljudje, ki želijo dobiti ,'instant'' (takojšnji) *samadhi* (stanje naravnega bivanja) in *mokšo* (osvoboditev). Ljudje so prav tako slišali toliko zgodb o prebujanju *kundalini* (duhovne energije, ki drema na dnu hrbtenice). Pravi duhovni iskalec ne bo nikoli obseden s takšnimi idejami. Ti koncepti lahko naše duhovno napredovanje zelo upočasnijo. Zato je tako pomembno imeti jasno razumevanje ter že od samega začetka zdrav in inteligenten pristop do svojega duhovnega življenja. Nekritično poslušanje samozvanih Mojstrov in branje knjig brez selekcije zmedo samo še poveča.

Um Samouresničene duše

Spraševalec: Kakšen je um Samouresničene duše?

Amma: To je brezumen um.

Spraševalec: Ali to ni um?

Amma: Je razsežen.

Spraševalec: Ampak tudi oni se sporazumevajo s svetom. Kako je to mogoče brez uma?

Amma: Seveda za sporazumevanje s svetom »uporabljajo« um. Vendar je velika razlika med običajnim človeškim umom, ki je poln različnih misli in umom Mahatme. Mahatme uporabljajo um, um pa uporablja nas. Oni niso preračunljivi, ampak spontani. Spontanost je narava srca. Človek, ki se preveč poistoveti z umom, ne more biti spontan.

Spraševalec: Večina ljudi, ki živi v svetu, je poistovetena s svojim umom. Ali praviš, da so vsi po svoji naravi manipulativni?

Amma: Ne, obstaja mnogo primerov, ko se ljudje poistovetijo s srcem in s svojimi pozitivnimi čustvi. Ko so prijazni, sočutni in pozorni do drugih, prebivajo bolj v svojem srcu kakor v umu. Toda, ali so se vedno sposobni tako vesti? Ne, ljudje so veliko pogosteje poistoveteni z umom. To je mislila Amma.

Spraševalec: Če je sposobnost ostati v popolni harmoniji s pozitivnimi čustvi srca v vsakomur speča, zakaj se to ne zgodi pogosteje?

Amma: Zato, ker je v tvojem sedanjem stanju um močnejši. Da bi ostal uglašen s pozitivnimi čustvi srca, bi moral okrepiti povezanost s tišino svojega duhovnega srca in oslabiti povezanost z motnjami svojega hrupnega uma.

Spraševalec: Kaj omogoči človeku, da je spontan in odprt?

Amma: Da se ego manj vmešava.

Spraševalec: Kaj se zgodi, če se ego manj vmešava?

Amma: Iz globoke notranjosti te premaga intenzivno hrepenenje. Čeprav si pripravil teren za to, ne bo nobenega preračunljivega giba ali napora, ko dejansko pride do tega. To dejanje ali karkoli že je, postane tako čudovito in izpolnjujoče. To dejanje zelo očara tudi druge. Takšni trenutki so bolj izrazi tvojega srca. Tedaj si bližje svojemu pravemu bitju.

Dejansko pridejo takšni trenutki iz onkraj – onkraj uma in razuma. Zgodi se nenadna uglašenost z Neskončnim in potrkaš na izvor univerzalne energije.

Popolni Mojstri vedno prebivajo v tem stanju spontanosti in enako situacijo ustvarijo tudi za druge.

Oddaljenost med Ammo in nami

Spraševalka: Amma, kakšna je oddaljenost med nami in Tabo?

Amma: Nič in neskončno.

Spraševalka: Nič in neskončno?

Amma: Da, med teboj in Ammo ni absolutno nobene razdalje. Hkrati pa je neskončna.

Spraševalka: To zveni protislovno.

Amma: Omejitve uma povzročijo, da zveni protislovno. Še naprej bo tako, dokler ne dosežeš končnega stanja uresničitve. Ni pomembno, kako inteligentno ali logično lahko zveni, tega protislovja ne bo odstranila nobena razlaga.

Spraševalka: Razumem omejitve svojega uma. Še vedno pa ne razumem, zakaj bi moralo biti tako paradoksalno in dvoumno. Kako je lahko nič in neskončno istočasno?

Amma: Predvsem, hčerka, nisi razumela omejitev svojega uma. Resnično razumeti majhnost uma pomeni resnično razumeti veličino Boga, božanskega. Um je veliko breme. Ko se ti bo enkrat resnično svitalo o tem, boš spoznala nesmiselnost nošenja tega velikanskega bremena, ki se mu pravi um. Ne moreš ga več nositi. To spoznanje ti ga pomaga izpustiti.

Hčerka, dokler si še nevedna o notranji božanskosti, je oddaljenost neskončna. Ko bo nastopil trenutek razsvetljenja, pa bo prav tako prišlo tudi spoznanje, da nikoli ni bilo nobene razdalje.

Spraševalka: Za razum je nemogoče, da bi razumel ves proces.

Amma: Hčerka, to je dober znak. Se vsaj strinjaš, da razumu ni mogoče doumeti tako imenovanega procesa.

Spraševalka: Mar to pomeni, da ne obstaja noben tak proces?

Amma: Natanko tako. Na primer, vzemimo nekoga, ki se je rodil slep. Ali kaj vé o svetlobi? Ne, ubožcu je znana le tema, povsem drugačen svet v primerjavi s svetom tistih, ki so blagoslovljeni z vidom.

Zdravnik mu pravi: »Poglej, če greš na operacijo, se tvoj vid lahko popravi. Potrebnih je nekaj korektur.«

Če se človek odloči za operacijo, kot mu je svetoval zdravnik, bo tema kmalu izginila in se pojavila svetloba, mar ne? Torej, od kod prihaja svetloba, od nekje zunaj? Ne, videc je ves čas čakal prav znotraj tega človeka. Enako, ko boš z duhovnim urjenjem popravila svojo notranjo vizijo, bo v tebi vzšla ves čas čakajoča luč čistega znanja.

Na Ammin način

A mmini načini so edinstveni. Lekcije pridejo nepričakovano in imajo vedno nenavaden priokus.

Med jutranjim *daršanom* je nekdo izmed prijavljenih na interni program privedel žensko, ki na ta program ni bila najavljena. Opazil sem novinko in o tem obvestil Ammo. Toda Amma me je povsem ignorirala in je nadaljevala z daršani.

Razmišljal sem: »No, lepo; Amma je zaposlena. Bom pa jaz pazil na nepovabljeno gostjo.« Torej naslednjih nekaj minut sem, čeprav je bila moja glavna *seva* (nesebično služenje) prevajanje vprašanj častilcev Ammi, izbral kot svojo dodatno sevo natančno opazovanje vsakega giba neprijavljene. Tesno je spremljala častilca, ki jo je privedel s seboj in tako so jima moje oči natančno sledile povsod, kamor sta šla. Istočasno sem Ammi sproti poročal o njunem gibanju. Čeprav me Amma ni poslušala, sem to početje kljub temu smatral za svojo dolžnost.

Takoj, ko sta se pridružila posebni vrsti za nujne primere, sem navdušeno poskušal vzbuditi Ammino pozornost. Toda Amma je še vedno nadaljevala z daršanom častilcem.

Medtem sta se mi pridružila dva častilca. Eden od njiju je pokazal na »vsiljivko« in rekel: »Vidite to gospo? Čudna je. Slišal sem, kaj je rekla. Zelo je negativna. Mislim, da ni modro, da ostane v dvorani.«

Drugi častilec je resno povprašal: »Vprašajte Ammo, kaj naj storimo z njo – jo vržemo ven?

Z velikim trudom mi je uspelo vzbuditi Ammino pozornost. Končno je pogledala in vprašala: »Kje je?«

Vsi trije smo bili presrečni. Mislili smo – vsaj jaz sem mislil tako – da bo Amma izgovorila tiste tri razveseljujoče besede, katere smo nestrpno čakali, da bi jih slišali: »Vrzite jo ven.«

Ko smo slišali Ammo vprašati: »Kje je«, smo vsi trije pokazali na mesto, kjer je sedela neprijavljena gospa. Amma jo je pogledala. Zdaj smo nestrpno čakali na končno razsodbo. Amma se je obrnila k nam in rekla: »Pokličite jo.« Skoraj smo popadali en čez drugega v naglici, da bi pozvali gospo.

Takoj ko se je gospa približala stolu za daršan, je Amma razprostrla roke in s sijočim nasmeškom na obrazu rekla: »Pridi, hčerka moja.« Tujka je spontano padla v Ammine roke. Kot smo lahko videli, je imela gospa enega od najlepših daršanov. Amma jo je nežno privila na Svoje ramo in jo blago pogladila po hrbtu. Potem je podržala njen obraz v Svojih dlaneh in jo pogledala globoko v oči. Gospe so spolzele solze po licih in Amma jih je sočutno obrisala s Svojimi rokami.

Moja »kolega« in jaz smo nezmožni nadzorovanja svojih solzá povsem razneženi stali za stolom za daršan.

Brž ko je gospa odšla, me je Amma pogledala in z nasmeškom na obrazu rekla: »To jutro si zapravil toliko svoje energije.«

Medtem ko je nadaljevala z oblivanjem Svojih otrok z blaženostjo in blagoslovi, sem poln spoštovanja pogledal majhno Ammino postavo. Čeprav brez besed, sem se v tistem trenutku spomnil čudovitega Amminega izreka: »Amma je kot reka. Preprosto teče. Nekateri ljudje se v reki okopajo. Drugi si s pitjem njene vode pogasijo žejo. So ljudje, ki pridejo plavat in uživajo v njej. So tudi takšni, ki pljuvajo vanjo. Karkoli se dogaja, reka sprejme vse in teče neprizadeto, objame vse, kar pride v njeno naročje.«

Tako sem doživel še en izjemen trenutek v prisotnosti Amme, Najvišjega Mojstra.

Nobene nove resnice

Spraševalec: Amma, ali misliš, da človeštvo potrebuje novo resnico, da bi se prebudilo?

Amma: Človeštvo ne potrebuje nove resnice. Potrebno bi bilo videti že obstoječo Resnico. Obstaja le ena Resnica. Ta Resnica vedno sije znotraj vseh nas. Ta ena sama in edina Resnica ne more biti niti nova niti stara. Vedno je enaka, nespremenljiva, večno nova. Spraševanje po novi Resnici je tako kot bi predšolski otrok vprašal učiteljico:»Gospodična, že tako dolgo nam govorite, da je 2 plus 2 = 4. To je že tako staromodno. Zakaj ne morete povedati nekaj novega, da je na primer 5 namesto vedno 4?« Resnica se ne more spremeniti. Vedno je obstajala in vedno je bila enaka.

To novo tisočletje bo priča silnemu duhovnemu prebujenju, tako na Vzhodu kot na Zahodu. To je resnično potrebno v tej dobi. Naraščajoča količina znanstvenega znanja, ki ga je človeštvo doseglo, nas mora voditi k Bogu.

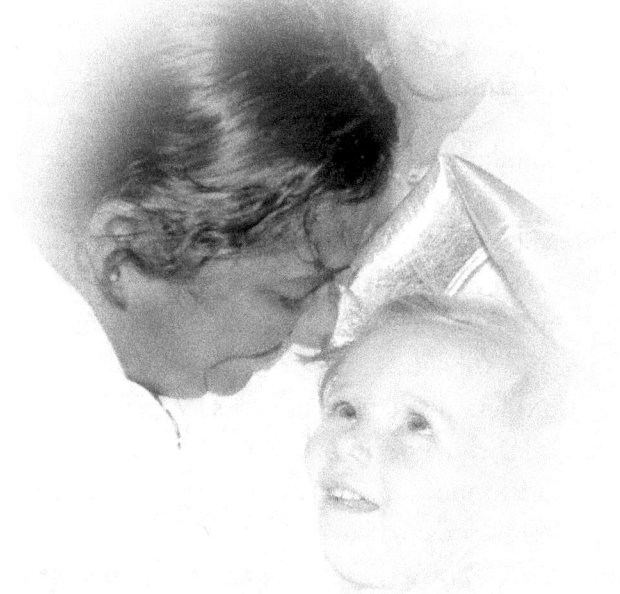

Resnica

Spraševalka: Amma, kaj je Resnica?

Amma: Resnica je tisto, kar je večno in nespremenljivo.

Spraševalka: Je resničnost Resnica?

Amma: Resničnost je le lastnost, ne Resnica skrajne resnice.

Spraševalka: Ali ni ta lastnost del Resnice skrajne resnice?

Amma: Da, tako kot je vse del Resnice skrajne resnice, je tudi resničnost del tega.

Spraševalka: Če je vse del skrajne resnice, potem niso del tega samo dobre lastnosti, ampak tudi slabe, mar ne?

Amma: Da, toda hčerka, še vedno si na zemlji in še nisi dosegla teh višin. Predpostavimo, da greš prvič na polet z letalom. Dokler se ne vkrcaš na letalo, o letenju nimaš pojma. Gledaš naokrog in opazuješ ljudi; pogovarjajo se in kričijo. Tu so zgradbe, drevesa, premikajoča se vozila, zvoki otroškega joka itd. Čez čas vstopiš v letalo. Nato letalo vzleti in počasi se vzpenja vedno višje. Ko takrat pogledaš skozi okno navzdol, vidiš, da vse postaja vedno manjše ter postopoma izginja v enost. Nazadnje vse izgine in te obdaja le prazen prostor.

Podobno si ti, otrok, še vedno na zemlji in se še nisi vkrcala na letalo. Najprej moraš sprejeti, usvojiti in uriti dobre lastnosti ter zavreči slabe. Ko enkrat dosežeš višine uresničitve, potem vse izkusiš kot Eno.

Nasvet v enem stavku

Spraševalec: Amma, ali mi lahko daš nasvet v enem stavku, kako naj dosežem mir svojega uma?

Amma: Trajen ali začasen?

Spraševalec: Trajen, seveda.

Amma: Potem najdi svoj notranji Jaz (Atmana).

Spraševalec: To je pretežko razumeti.

Amma: Prav, potem pa ljubi vse.

Spraševalec: Ali sta to dva različna odgovora?

Amma: Ne, samo besede so različne. Najti svoj notranji Jaz in vsakogar ljubiti enako sta v bistvu ista stvar; sta medsebojno odvisna. (Smeh) Sin, to pa je že več kot en stavek.

Spraševalec: Oprosti, Amma. Tako sem neumen.

Amma: V redu je; ne skrbi. Ali želiš nadaljevati?

Spraševalec: Da, Amma. Ali se mir, ljubezen in prava sreča razvijajo skupaj z našo *sadhano* (duhovnim urjenjem)? Ali pa so le končni rezultat?

Amma: Oboje. Vendar bo krog postal popoln šele, ko ponovno odkrijemo notranji Jaz in temu bo sledil popoln mir.

Spraševalec: Kaj misliš s »krogom«?

Amma: To je krog našega notranjega in zunanjega bivanja, stanje popolnosti.

Spraševalec: Toda sveti spisi pravijo, da je to že popolno, krog. Če je to že krog, čemu potem vprašanje njegove izpopolnitve.

Amma: Seveda je to popoln krog. Toda večina ljudi se tega ne zaveda. Zanje obstaja vrzel, ki jo je treba zapolniti. In v prizadevanju, da bi zapolnili to vrzel, vsa človeška bitja tekajo naokrog v imenu različnih potreb, zahtev in želja.

Spraševalec: Amma, slišal sem, da v stanju najvišje uresničitve ne obstaja nobena takšna stvar kot je notranje in zunanje bivanje.

Amma: Da, toda to je le izkušnja tistih, ki so ustaljeni v tem stanju.

Spraševalec: Bo intelektualno razumevanje tega stanja pomagalo?

Amma: Pomagalo čemu?

Spraševalec: Pomagalo meni, da bom dobil bežen vpogled v takšno stanje.

Amma: Ne, intelektualno razumevanje bo zadovoljilo le razum. In še celó to zadovoljstvo je samo začasno. Morda misliš, da si to razumel, toda kmalu se bodo zopet pojavili dvomi in vprašanja. Tvoje razumevanje temelji le na omejenih besedah in razlagah; te pa ti ne morejo dati izkušnje neskončnosti.

Spraševalec: Torej, kakšen je najboljši način?

Amma: Trdo delaj, dokler ne pride do predanosti.

Spraševalec: Kaj misliš s tem »trdo delaj«?

Amma: Amma misli, da vztrajno izvajaj *tapas* (strogo disciplino). Samo, če delaš tapas, boš sposoben ostati v sedanjem trenutku.

Spraševalec: Ali tapas pomeni nenehno sedeti in dolge ure meditirati?

Amma: To je le del tega. Pravi tapas je, da vsako dejanje in misel izvedemo na način, ki nam pomaga postati eno z Bogom ali z notranjim Jazom.

Spraševalec: Kaj natančno to pomeni?

Amma: To pomeni, da svoje življenje posvetiš cilju Božje uresničitve.

Spraševalec: Malo sem zmeden.

Amma: (smejé) Ne malo – zelo si zmeden.

Spraševalec: Imaš prav. Toda zakaj?

Amma: Zato, ker preveč razmišljaš o duhovnosti in stanju onkraj uma. Prenehaj razmišljati in to energijo uporabi za tisto, kar lahko storiš. To ti bo dalo izkušnjo – ali vsaj bežen vpogled – v to resničnost.

Potreba po urniku

Spraševalec: Amma, praviš, da mora človek vzdrževati dnevno disciplino kot je urnik in se ga držati, kolikor je mogoče. Ampak Amma, jaz sem mati dojenčka. Kaj če moje dete joče ravno takrat, ko nameravam meditirati?

Amma: To je zelo preprosto. Najprej poskrbi za dojenčka in potem meditiraj. Če izbereš meditacijo, ne da bi se najprej odzvala na otrokove potrebe, potem boš meditirala samo na otroka, ne pa na svoj notranji Jaz ali Boga.

V začetnih fazah je vsekakor koristno slediti urniku. Prav tako bi pravi *sadhak* (duhovni iskalec) moral uriti samonadzor ves čas, podnevi in ponoči.

Nekateri ljudje imajo navado piti kavo takoj, ko vstanejo. Če je kak dan ne dobijo ob pravem času, bodo zelo nemirni. To jim lahko celó pokvari ves dan, jim povzroči bolečine v želodcu, zaprtje in glavobol. Na podoben način bi morale postati meditacija, molitev in ponavljanje mantre sestavni del sadhakovega življenja. Če bi jo kdaj izpustila, bi morala biti to sposobna globlje čutiti. Iz tega sledi, da bi se moralo naše prizadevanje po tem, da je nikoli ne izpustimo, povečati.

Samoprizadevanje

S praševalec: Amma, nekateri ljudje pravijo, da zato, ker je naša prava narava Atman, duhovne vaje niso potrebne. Pravijo: »Jaz sem To, absolutna zavest, torej kakšen smisel ima sadhana (duhovne vaje), če sem že To?« Ali misliš, da so takšni ljudje verodostojni?

Amma: Amma ne želi reči, ali so takšni ljudje verodostojni ali ne. Vendar Amma čuti, da se takšni ljudje bodisi pretvarjajo, da so takšni ali so popolnoma zavedeni v zmoto ali pa so leni. Amma se sprašuje, če bi ti isti ljudje tudi rekli: »Ni mi treba jesti ali piti, ker nisem telo«?

Predpostavimo, da pridejo v jedilnico s številnimi lepo razporejenimi krožniki na mizi, toda tam, kjer naj bi bila izvrstna hrana, bi ležal le kos papirja, na katerem bi pisalo »riž«, na drugem »kuhana zelenjava«, »sladki puding« in tako naprej. Si bodo ti ljudje voljni predstavljati, da so se najedli do sitega in da je njihova lakota povsem potešena?

Drevo je potencialna možnost v semenu. Toda kaj, če seme samoljubno pomisli: »Nočem se prikloniti zemlji. Jaz sem drevo. Ni se mi potrebno spustiti v to umazano prst.« Če bi imelo seme takšno stališče, preprosto ne bi vzklilo, sadika ne bi zrastla in nikoli ne bi postalo drevo, ki nudi senco in sadeže drugim. Samo zaradi tega, ker bi seme mislilo, da je drevo, se ne bi nič zgodilo. Še naprej bi bilo le seme. Torej bodi seme, toda bodi voljan pasti na zemljo in se spustiti v prst. Potem bo za seme poskrbela zemlja.

Milost

Spraševalec: Amma, ali je milost končni odločilni dejavnik?

Amma: Milost je dejavnik, ki v skladu s tvojimi dejanji ob pravem času prinese pravi rezultat.

Spraševalec: Ali bo tudi v primeru, če se povsem posvetiš svojemu delu, rezultat odvisen od tega, koliko milosti imaš?

Amma: Predanost je najpomembnejši vidik. Bolj kot si predan, bolj odprt ostajaš. Bolj si odprt, več ljubezni izkušaš. Več ljubezni imaš, več milosti doživljaš.

Milost je odprtost. Je duhovna moč in intuitivna vizija, ki jo lahko izkušaš med opravljanjem nekega dejanja. S tem, ko v določeni situaciji ostaneš odprt, opustiš svoj ego in omejene poglede. To preobrazi tvoj um v boljši kanal, skozi katerega lahko priteka *šakti* (božanska energija). Milost je ta tok šakti in njeno izražanje skozi naša dejanja.

Nekdo je lahko odličen pevec. Vendar, ko nastopa na odru, bi moral dovoliti, da skozi njega teče šakti glasbe. To s seboj prinaša milost in mu pomaga očarati celotno občinstvo.

Spraševalec: Kje je izvor milosti?

Amma: Pravi izvor milosti je znotraj. Vendar dokler tega ne spoznaš, se ti bo zdelo, da je nekje daleč onstran.

Spraševalec: Onstran?

Amma: Onstran pomeni izvor, ki ti je v tvojem sedanjem mentalnem stanju neznan. Kadar pevec poje iz srca, je v stiku z božanskostjo, z onostranstvom. Od kod prihaja ganljiva glasba? Lahko porečeš, da prihaja iz grla ali srca. Toda, ali jo boš videl, če boš pogledal noter? Ne, torej prihaja od onstran. Ta izvor je seveda božansko. Ko bo prišlo do končne uresničitve, boš ta izvor našel v svoji notranjosti.

Sanjasa: onkraj kategorizacije

Spraševalec: Kaj pomeni biti pravi *sanjasin*?

Amma: Pravi *sanjasin* je tisti, ki je prešel onkraj vseh omejitev, ki jih ustvarja um. Sedaj smo hipnotizirani z umom. V stanju *sanjase* pa bomo popolnoma osvobojeni prijema te hipnoze. Prebudili se bomo kot iz sanj – kot se pijanec prebudi iz stanja opitosti.

Spraševalec: Ali *sanjasa* prav tako doseže Božansko?

Amma: Amma bi raje rekla tako: *sanjasa* je stanje, v katerem je človek sposoben celotno stvarstvo videti in častiti kot Boga.

Spraševalec: Ali je ponižnost znamenje pravega sanjasina?

Amma: Pravih *sanjasinov* se ne da kategorizirati. So onkraj. Če rečeš, da je ta in ta oseba zelo preprosta in ponižna, še vedno obstaja »nekdo«, ki se počuti preprostega in ponižnega. V stanju *sanjase* ta »nekdo«, ki je ego, izgine. Običajno je ponižnost nasprotje ošabnosti. Ljubezen je nasprotje sovraštvu. Medtem ko pravi sanjasin ni niti ponižen niti ošaben – ni niti ljubeč niti sovražen. Kdor je dosegel stanje *sanjase*, je onkraj vsega. On ali ona nima več česa doseči niti izgubiti. Ko za pristnega sanjasina pravimo, da je »ponižen«, to ne pomeni le odsotnost ošabnosti, ampak prav tako odsotnost ega.

Nekdo je vprašal Mahatmo: »Kdo si?«

»Nisem,« je odgovoril.

»Si Bog?«

»Ne, nisem.«

»Ali si svetnik ali modrec?«

»Ne, nisem.«

»Ali si ateist?«

»Ne, nisem.«

»Kdo pa potem si?«

»Sem, kar sem. Sem čista zavest.«

Sanjasa je stanje čiste zavesti.

Božanska igra v zraku

Prizor I: Letalo letalske družbe Air India na poti v Dubaj pravkar vzleti. Posadka se pripravlja na strežbo brezalkoholnih pijač. Nenadoma pričnejo vsi potniki, eden za drugim, vstajati s svojih sedežev in se v sprevodu pomikati proti oddelku poslovnega razreda. Ne da bi razumeli, kaj se dogaja, osupla posadka vsakogar prosi, naj se usede nazaj na svoj sedež. Ko spozna, da je to povsem neučinkovito, nazadnje vsakogar roti, naj sodeluje, dokler ne končajo s strežbo hrane.

»Radi bi imeli Ammin *daršan*!« zavpijejo potniki.

»Razumemo,« odgovori posadka. »Samo prosimo, potrpite, dokler ne končamo s strežbo.«

Nazadnje se potniki uklonijo prošnjam posadke in se vrnejo na svoje sedeže.

Prizor II: Strežba je sedaj končana. Stevardese in stevard postanejo začasno reditelji vrste in nadzirajo vrsto za daršan, ki se počasi pomika k Amminemu sedežu. Zaradi pomanjkanja časa ni na voljo listkov za daršan. Ne glede na to posadka dobro opravi svoje delo.

Prizor III: Po prejetju Amminega daršana so potniki sedaj videti zelo srečni in sproščeni. Usedejo se na svoje sedeže. Sedaj se postavi v vrsto celotna posadka, vključno s pilotom in kopilotom. Seveda vsi komaj čakajo, da pridejo na vrsto. Vsi dobijo materinski objem. Poleg tega prejmejo tudi Ammin šepet ljubezni in milosti, njen nepozaben sijoč nasmeh in bonbonček *prasad* (blagoslovljeno darilo).

Prizor IV: Enako se zgodi na poletu nazaj.

Sočustvovanje in sočutje

Spraševalec: Amma, kaj je pravo sočutje?

Amma: Pravo sočutje je sposobnost videti in vedeti, kaj je onkraj. Le tisti, ki imajo sposobnost videti onkraj, lahko nudijo pravo pomoč in povzdignejo druge.

Spraševalec: Onkraj česa?

Amma: Onkraj telesa in uma, onkraj zunanjega videza.

Spraševalec: Torej Amma, kakšna je razlika med sočustvovanjem in sočutjem?

Amma: Sočutje je res prava pomoč, ki jo prejmeš od pravega Mojstra. Mojster vidi onkraj. Medtem ko je sočustvovanje začasna pomoč, ki jo prejmeš od ljudi okrog sebe. In sočustvovanje ne more iti pod površje in onstran. Sočutje je pravo razumevanje z globljim poznavanjem osebe, situacije in tistega, kar on ali ona resnično potrebuje. Sočustvovanje pa je bolj površinsko.

Spraševalec: Kako lahko ločiš med njima?

Amma: Težko. Amma ti bo dala primer. Ni neobičajno, da kirurgi tudi po hujši operaciji od svojih pacientov zahtevajo, naj že drugi ali tretji dan vstanejo in hodijo. Če se pacient temu upira, ga bo dober zdravnik, ki pozna posledice, vedno silil vstati iz postelje in hoditi. Ko bodo njegovi sorodniki videli bolečino in napor pacienta, bodo morda porekli:»Kako krut zdravnik! Zakaj ga sili hoditi, če tega noče? To je preveč.«

V tem primeru lahko stališče sorodnikov imenujemo sočustvovanje, stališče zdravnika pa sočutje. Kdo v tem primeru resnično pomaga pacientu – zdravnik ali sorodniki? Če pacient razmišlja:»Ta zdravnik ni dober. Navsezadnje, kdo pa je on, da me bo poučeval? Kaj pa on vé o meni? Naj kar govoriči; ne bom ga poslušal.« Takšno stališče ne bo nikoli pomagalo pacientu.

Spraševalec: Ali sočustvovanje lahko komu škoduje?

Amma: Če nismo previdni in sočustvujemo ne da bi razumeli subtilne aspekte določene situacije in človekovo mentalno konstitucijo, je to lahko škodljivo. Nevarno je, kadar ljudje pripisujejo prevelik pomen besedam sočustvovanja. To lahko postane celó obsedenost, ki postopoma ruši človekovo moč razlikovanja z gradnjo majhnega zapredku podobnega sveta okrog njega. Takšni ljudje se lahko čutijo potolaženi, toda morda nikoli ne zberejo moči, da bi se izvlekli iz svoje situacije. Nevéde se lahko vedno bolj pogrezajo v temo.

Spraševalec: Amma, kaj misliš z »zapredku podobnega sveta«?

Amma: Amma misli, da boš izgubil svojo sposobnost pogledati globlje vase in videti, kaj se v resnici dogaja. Prevelik pomen boš pripisoval besedam nekoga drugega in mu slepo zaupal, ne da bi pravilno uporabljal svoje razlikovanje.

Sočustvovanje je površinska ljubezen brez poznavanja temeljnega vzroka problema, medtem ko je sočutje ljubezen, ki vidi njegov pravi vzrok in se z njim ukvarja na primeren način.

Prava ljubezen je stanje popolne neustrašnosti

Spraševalec: Amma, kaj je prava ljubezen?

Amma: Prava ljubezen je stanje popolne neustrašnosti. Strah je sestavni del uma. Zato strah in pristna ljubezen ne moreta iti skupaj. Ko se ljubezen poglablja, se intenzivnost strahu počasi zmanjšuje.

Strah lahko obstaja le, če si poistoveten s telesom in umom. Preseganje šibkosti uma in življenje v ljubezni je pobožanstvenost. Več ljubezni imaš, več božanskosti se izraža znotraj tebe. Manj kot imaš ljubezni, več imaš strahu in bolj se oddaljuješ od središča življenja. Neustrašnost je zares ena od največjih kvalitet pravega ljubimca.

Zahteve in prepovedi

Spraševalec: Amma, v duhovnem življenju se smatra gojenje čistosti in drugih moralnih vrednot kot nekaj zelo pomembnega. Vendar obstajajo novodobni guruji, ki to zanikajo, češ, da je to nepotrebno. Amma, kakšno je Tvoje mnenje o tem?

Amma: Popolnoma res je, da igrajo moralne vrednote zelo pomembno vlogo v duhovnem življenju. Vsaka pot, bodisi duhovna ali materialna, ima določene zahteve in prepovedi, katerim je potrebno slediti. Če predpisanim pogojem ne sledimo, želeni rezultat zelo težko dosežemo. Subtilnejši je končni sadež, težja pot vodi do njega. Duhovna uresničitev je najsubtilnejša od vseh izkušenj, zato so pravila in predpisi, ki jih zahteva, strogi. Bolnik ne more jesti ali piti karkoli si želi. Odvisno od bolezni bo imel omejitve v dieti in gibanju. Če se tega ne drži, lahko to vpliva na proces zdravljenja. Stanje se lahko celó poslabša, če bolnik ne sledi navodilom skrbno. Ali je modro, če pacient vpraša: »Ali se moram res držati vseh teh pravil in predpisov?« Da bi popolnoma obvladali svoj inštrument, vadijo nekateri glasbeniki 18 ur na dan. Kakršnokoli je področje tvojega zanimanja – bodisi duhovnost, znanost, politika, šport ali umetnost – tvoj uspeh in razvoj na tem področju sta odvisna edino od načina tvojega pristopa, količine časa, ki ga iskreno nameniš za dosego svojega cilja in od tega, koliko slediš nujnim načelom, ki se zahtevajo.

Spraševalec: Je torej za dosego Cilja čistost osnovna kvaliteta?

Amma: Lahko je to čistost. Lahko je ljubezen, sočutje, odpuščanje, potrpežljivost ali vztrajnost. Izberi le eno lastnost in se je drži s skrajno vero in optimizmom; druge kvalitete bodo sledile samodejno. Namen je preseči omejitve uma.

Amma, Darovanje svetu

Spraševalec: Amma, kaj pričakuješ od Svojih učencev?

Amma: Amma od nikogar ničesar ne pričakuje. Amma Se daruje svetu. Ko se daruješ, kako lahko karkoli pričakuješ od kogarkoli? Vsa pričakovanja izvirajo iz ega.

Spraševalec: Toda Amma, Ti veliko govoriš o predanosti Guruju. Ali to ni pričakovanje?

Amma: Res je, Amma govori o tem, vendar ne zato, ker bi od Svojih otrok pričakovala predanost, pač pa zato, ker je to jedro duhovnega življenja. Guru daruje učencu vse, kar ima. Ker je *Satguru* (popoln Mojster) popolnoma predana duša, to pomeni, da se njegova ali njena prisotnost daruje in uči učence. To se zgodi spontano. Učenec pa to sprejme ali zavrne, odvisno od njegove zrelosti in razumevanja. Kakršnakoli že je učenčeva drža, bo Satguru še naprej dajal. Ne more drugače.

Spraševalec: Kaj se zgodi, ko se učenec preda Satguruju?

Amma: Tako kot se svetilka prižge ob glavni svetilki, bo tudi učenec postal luč, ki vodi svet. Tudi učenec postane Mojster.

Spraševalec: Kaj je pri tem procesu najbolj v pomoč: Mojstrova podoba ali njegov oziroma njen brezoblični aspekt?

Amma: Oboje. Brezoblična zavest navdihuje učenca skozi Satgurujevo podobo kot čista ljubezen, sočutje in predanost.

Spraševalec: Se učenec preda Mojstrovi podobi ali brezoblični zavesti?

Amma: Začne se kot predanost fizični podobi, konča pa se kot predanost brezoblični zavesti. To je takrat, ko učenec spozna svoj lastni Pravi notranji Jaz. Vendar pa se celó v začetnih fazah *sadhane* (duhovne vadbe), ko se učenec preda Mojstrovi podobi, v resnici preda brezoblični zavesti, le da se tega ne zaveda.

Spraševalec: Zakaj?

Amma: Zato ker učenci poznajo samo telo; zavest jim je povsem neznana.

Pravi učenec bo še naprej častil Gurujevo podobo kot izraz hvaležnosti Guruju, ki lije svojo milost in mu kaže pot.

73

Satgurujeva podoba

Spraševalec: Ali lahko na preprost način pojasniš naravo *Satgurujeve* (od pravega Mojstra) fizične podobe?

Amma: Satguru je oboje, s podobo in brez nje, tako kot čokolada. V trenutku, ko jo daš v usta, se raztopi in postane brezoblična; postane del tebe. Prav tako, ko resnično vsrkaš Mojstrove nauke in le-ti postanejo del tvojega življenja, spoznaš, da je Mojster brezoblična najvišja zavest.

Spraševalec: Torej bi morali pojesti Ammo?

Amma: Da, jejte Ammo, če morete. Z veseljem bi postala hrana za vašo dušo.

Spraševalec: Amma, hvala za primer s čokolado. To mi je zelo lahko razumeti, ker imam rad čokolado.

Amma: (smejé) Toda ne zaljubi se vanjo, ker ni dobra za tvoje zdravje.

Popolni učenci

Spraševalec: Kaj človek pridobi s tem, ko postane popoln učenec?

Amma: Postane popoln Mojster.

Spraševalec: Kako lahko opišeš Samo Sebe?

Amma: Zagotovo ne, kot da sem nekaj.

Spraševalec: Kako pa?

Amma: Kot ničnost.

Spraševalec: Ali to pomeni, da si vse?

Amma: To pomeni, da je Ona vedno navzoča in na voljo vsakomur.

Spraševalec: Ali »vsakomur« pomeni vsem tistim, ki pridejo k Tebi?

Amma: »Vsakomur« pomeni vsem tistim, ki so odprti.

Spraševalec: Ali to pomeni, da Amma ni na voljo tistim, ki niso odprti?

Amma: Ammina fizična prisotnost je na voljo vsakomur, pa če Jo sprejmejo ali ne. Toda izkušnja je na voljo samo tistim, ki so odprti. Cvetlica je tukaj, toda lepoto in vonj bodo izkusili samo tisti, ki so odprti. Oseba z zamašenim nosom tega ne more izkusiti. Podobno tisti, ki imajo zaprta srca, ne morejo izkusiti tistega, kar ponuja Amma.

Vedanta in stvarstvo

Spraševalec: Amma, obstaja nekaj nasprotujočih si teorij o stvarstvu. Tisti, ki sledijo poti predanosti pravijo, da je svet ustvaril Bog, medtem ko so Vedantisti (nedualisti) mnenja, da je vse kreacija uma in zato vse obstaja samo toliko časa, dokler obstaja um. Kateri od teh pogledov je pravi?

Amma: Oba pogleda sta pravilna. Medtem ko častilec vidi Najvišjega Gospoda kot stvarnika sveta, Vedantist vidi Brahmana kot temeljni princip, ki služi kot podlaga spreminjajočega se sveta. Za Vedantista je svet projekcija uma; medtem ko je za častilca *lila* (igra) njegovega ali njenega ljubljenega Gospoda. To se lahko zdita dva povsem različna pogleda, toda če se v to poglobiš, boš odkril, da sta v osnovi eno in isto.

Ime in oblika sta povezana z umom. Ko um preneha obstajati, tudi ime in oblika izgineta. Svet ali stvarstvo sestoji iz imen in oblik. Bog ali Stvarnik ima smisel le, če obstaja stvarstvo. Celó Bog ima ime in obliko. Da lahko svet imen in oblik obstaja, je potreben ustrezen vzrok – in temu vzroku pravimo Bog.

Prava Vedanta je najvišja oblika znanja. Amma ne govori o Vedanti v obliki svetih spisov ali Vedanti, o kateri govorijo tako imenovani Vedantisti. Amma govori o Vedanti kot najvišji izkušnji, kot načinu življenja, kot nepristranskosti uma v vseh življenjskih situacijah.

Vendar to ni lahko. Dokler se ne zgodi preobrazba, ne bo prišlo do te izkušnje. Ta pa je takšna revolucionarna sprememba na intelektualnem in čustvenem nivoju, ki napravi um subtilen, razsežen in mogočen. Bolj ko um postaja subtilen in razsežen, bolj postaja »ne-um«. Postopoma um izgine. Ko ni uma, kje je potem Bog in kje je svet ali stvarstvo? Vendar to ne pomeni, da bo svet izginil iz tvojega vida, pač pa se bo zgodila preobrazba in videl boš Eno v vsem.

Spraševalec: Mar to pomeni, da je v tem stanju tudi Bog iluzija?

Amma: Da, iz skrajnega vidika je Bog z obliko iluzija. Vendar je to odvisno od globine tvoje notranje izkušnje. Kljub temu pa je stališče tako imenovanih Vedantistov, ki egoistično mislijo, da so celó podobe Bogov in Boginj nepomembne, napačno. Zapomni si, na tej poti ego nikoli ne pomaga. Pomaga edino ponižnost.

Spraševalec: Razumem ta del. Toda Amma, omenila si tudi, da je Bog z obliko iz skrajnega vidika iluzija. Torej praviš, da so različne podobe Bogov in Boginj samo projekcije našega uma?

Amma: Konec koncev so. Karkoli umre, ni resnično. Vse podobe, celó Bogov in Boginj, imajo začetek in konec. Tisto, kar se rodi in umre, je mentalno; je povezano z miselnim procesom. In vse, kar je povezano z umom, je vezano na spremembe, ker obstaja v času. Edina nespremenljiva resnica je tista, ki za vedno ostane, podlaga uma in razuma. To je Atman (notranji Jaz), najvišje stanje obstoja.

Spraševalec: Če so celó podobe Bogov in Boginj neresnične, kakšen smisel ima graditi svetišča in jih častiti?

Amma: Ne, ne razumeš, v čem je stvar. Bogov in Boginj ne moreš kar tako ovreči. Za ljudi, ki so še poistoveteni s svojim umom in ki še niso dosegli najvišjega stanja, so te podobe zagotovo resnične in zelo potrebne za njihovo duhovno rast. Silno jim pomagajo.

Vlado neke dežele sestavlja več oddelkov in ministrstev. Od predsednika ali premierja navzdol so številni ministri in pod njimi je toliko drugih uradnikov in drugih različnih oddelkov, vse do uslužbencev in pometačev.

Predvidevajva, da želiš, da se zate nekaj opravi. Pod pogojem, da jih poznaš ali pa imaš veze, boš odšel naravnost do predsednika ali premierja. To ti bo močno olajšalo in pospešilo stvar. Za tvojo potrebo, kakršnokoli že, bo takoj poskrbljeno. Toda večina ljudi nima neposrednega stika ali vpliva. Da bi se jim stvari uredile ali da bi prišli do višjih oblasti, se morajo držati običajnega pro-tokola – priti v stik z enim od podrejenih uradnikov ali nekom iz nižjih uradov, včasih celó s strežajem. Enako, dokler smo na fizični ravni bivanja in se istimo z umom in njegovimi miselnimi vzorci, nam je potrebno sprejeti in prepoznati različne podobe božanstva, dokler ne vzpostavimo neposrednega stika z notranjim izvorom čiste energije.

Spraševalec: Toda Vedantisti se s tem stališčem običajno ne strinjajo.

Amma: O katerih Vedantistih govoriš? Vedantist, ki nenehno tiči v knjigah in ponavlja svete spise kot naučen papagaj ali magnetofon se morda s tem ne more strinjati, pravi Vedantist pa se s tem zagotovo strinja. Vedantist, ki ne sprejema sveta in poti predanosti, ni pravi Vedantist. Sprejemanje sveta in prepoznavanje mnogoterosti, toda hkrati videnje ene same Resnice v mnogih, je prava Vedanta.

Vedantist, ki smatra, da je pot ljubezni manjvredna, ni niti Vedantist niti pravi duhovni iskalec. Pravi Vedantisti ne morejo opravljati svojih duhovnih vaj brez ljubezni.

Podoba te bo v brezoblično privedla pod pogojem, da svoje duhovne vaje opravljaš s pravo naravnanostjo. *Saguna* (oblika) je manifestirana (razodeta) *nirguna* (brezoblično). Če ne razume tega preprostega principa, kakšen smisel ima, da se razglaša za Vedantista?

Spraševalec: Amma, rekla si, da častilec vidi svet kot lilo Boga. Kaj pomeni lila?

Amma: To je enobesedna oznaka za najvišjo nenavezanost. Najvišje stanje *sakši* (biti priča) brez izvajanja kakršnekoli avtoritete je znano kot lila. Ko ostanemo povsem odmaknjeni od uma in njegovih različnih projekcij, kako lahko čutimo kakršnokoli navezanost ali avtoriteto? Opazovanje vsega, kar se dogaja znotraj in zunaj, ne da bi bili vpleteni, je prava zabava, čudovita igra.

Spraševalec: Slišali smo, da je razlog, zakaj je Amma prenehala manifestirati Krišna Bhavo[2] ta, ker si bila v tistem času v tem stanju lile?

Amma: To je bil eden od razlogov. Krišna je bil nenavezan. Aktivno je sodeloval pri vsem, toda ostal je povsem nenavezan in se je notranje distanciral od vsega, kar se je dogajalo okrog njega. V tem je pomen milega nasmeha Krišne, ki ga je vedno imel na svojem čudovitem obrazu.

Čeprav je Amma med Krišna Bhavo poslušala probleme častilcev, je do njih vedno imela bolj igrivo in nenavezano držo. V tistem stanju ni bilo niti ljubezni niti neljubezni, niti sočutja niti nesočutja. Materinska naklonjenost in vdanost, ki sta nujni za upoštevanje čustev častilcev in za izraz globoke skrbi, se nista izrazili. To je bilo stanje onstranstva. Amma je razmišljala, da to častilcem ne pomaga veliko. Tako se je odločila Svoje otroke ljubiti in jim služiti kot mati.

---

[2] V začetku je Amma manifestirala oboje, Krišna in Devi Bhavo, potem pa je leta 1983 s Krišna Bhavo prenehala.

»Si srečen?«

Spraševalec: Slišal sem, da sprašuješ ljudi, ki pridejo na *daršan*: »Srečen?« Zakaj jih to sprašuješ?

Amma: To je kot povabilo, naj bodo srečni. Če si srečen, si odprt in potem lahko Božja ljubezen ali *šakti* (božanska energija) priteka vate. Torej Amma v resnici temu človeku pravi, naj bo srečen, da bo Božja šakti lahko vstopila vanj ali vanjo. Kadar si srečen, ko si odprt in sprejemljiv, ti bo na voljo vse več sreče. Ko si nesrečen, si zaprt in vse izgubiš. Kdor je odprt, je srečen. To bo pritegnilo Boga vate. In ko je Bog varno spravljen v tebi, si lahko le srečen.

Velik vzgled

Tistega dne, ko smo prispeli v Santa Fe, je rosilo. »To se v Santa Feju vselej dogaja. Ko pride Amma, dežuje po dolgi suši,« je rekel Ammin gostitelj v Amminem centru Nove Mehike. Stemnilo se je že, ko smo prispeli do gostiteljeve hiše. Amma je počasi izstopila iz avtomobila. Čim je stopila iz avta, Ji je gostitelj ponudil Njene sandale. Nato je odšel proti prednjemu delu avtomobila v pričakovanju, da bi Ammo povedel v hišo.

Amma je naredila nekaj korakov proti prednjemu delu avtomobila, nato pa se je nenadoma obrnila in rekla: »Ne, Amma ne želi prečkati pred avtomobilom. To je obraz avta. To bi bilo nespoštljivo. Amma ne čuti, da bi storila tako.« Ko je to rekla, je odšla okrog zadnjega dela avtomobila in potem v hišo. To ni bilo edinkrat, ko se je Amma tako vedla. Kadarkoli Amma izstopi iz avta, naredi tako.

Ni večjega vzgleda od tega, kako se Ammino srce izliva k vsemu – celó k neživim stvarem.

Odnosi

Nekdo, ki je bil ravno na vrsti za daršan, se je obrnil k meni in rekel: »Prosim, vprašajte Ammo, če lahko preneham z zmenki in vstopanjem v ljubezenska razmerja?«

Amma: (z nagajivim nasmeškom) Kaj se je zgodilo, ti je dekle s kom pobegnilo?

Spraševalec: (videti je bil zelo presenečen) Kako pa to veš?

Amma: Preprosto – to je ena od okoliščin v življenju, ko ima človek takšne misli.

Spraševalec: Amma, ljubosumen sem, ker moje dekle še naprej prijateljuje s svojim prejšnjim fantom.

Amma: Je to razlog, da hočeš prenehati hoditi na zmenke in vstopati v odnose?

Spraševalec: Razočaran in sit sem podobnih dogodkov v življenju. Kar je dovolj, je dovolj. Zdaj želim imeti mir in se osredotočiti na svoje duhovne vaje.

Amma ni več spraševala. Nadaljevala je z daršani. Čez nekaj časa me je moški vprašal: »Sprašujem se, če ima Amma kakšen nasvet zame?«
Amma ga je slišala.

Amma: Sin, Amma je mislila, da si se že odločil, kaj ti je storiti. Mar nisi rekel, da si sit takšnih reči? Odslej želiš živeti umirjeno življenje in se osredotočiti na svoje duhovne vaje, mar ne? To se sliši kot pravilna rešitev. Torej, kar nadaljuj in stori tako.

Nekaj časa je bil tiho, toda videti je bil nemiren. Čez čas ga je Amma pogledala. Skozi Njen pogled in nasmeh sem v Ammi lahko uzrl velikega Mojstra, ki v Svojih rokah vrti legendarno žvrkljo, pripravljenega, da bo nekaj dobro premešal in spravil na površje.

Spraševalec: To pomeni, da mi Amma nima ničesar povedati, mar ne?

Nenadoma je ubogi družabnik pričel jokati.

Amma: (mu obriše solze) Pridi, sin moj, kaj je tvoj resnični problem? Odpri se in povej Ammi.

Spraševalec: Amma, pred enim letom sem jo srečal na enem od Amminih programov. Ko sva si pogledala v oči, sva vedela, da sva si usojena. Tako se je začelo. In zdaj je, povsem nenadoma, ta dečko – njen *bivši* fant – prišel med naju. Ona pravi, da je samo prijatelj, vendar obstajajo situacije, ko močno dvomim v njene besede.

Amma: Zakaj čutiš tako, če pa ti je ona povedala drugače?

Spraševalec: Situacija je takšna: zdaj sva tukaj na Amminem programu oba, jaz *in* njen bivši fant. Več časa prebije z njim kot z mano. Zelo sem vznemirjen. Ne vem, kaj naj storim. Potrt sem. Težko mi je ostati skoncentriran na Ammo, zaradi česar sem pravzaprav tukaj. Moje meditacije niso več enako intenzivne in niti spati ne morem več dobro.

Amma: (šaljivo) Veš kaj? Morda ji poje hvalo: »Poglej draga, ti si najlepša ženska na svetu. In po tem, ko sem te srečal, ne morem niti pomisliti na drugo žensko.« Morda ji izraža še več ljubezni, ji dovoli veliko govoriti in ostane tiho tudi takrat, ko se čuti izzvan. Vrh vsega pa ji mora kupiti veliko čokolade! Za razliko od njega je lahko njen vtis o tebi kot o tiranu, ki jo vedno sekira ter se z njo prepira in tako dalje.

Ko so slišali te besede, so se možakar in častilci, ki so sedeli okrog Amme, prisrčno zasmejali. Ammi je odkrito priznal, da je bil bolj ali manj prav tak, kakor ga je opisala Amma.

Amma: (trepljaje po hrbtu) Ali čutiš do nje veliko jeze in sovraštva?

Spraševalec: Da, čutim. Še več jeze čutim do njega. Moj um je tako razburjen!

Amma je potipala njegovo dlan. Bila je zelo vroča.

Amma: Kje je zdaj ona?

Spraševalec: Nekje okrog.

Amma (v angleščini) Pogovori se z njo.

Spraševalec: Zdaj?

Amma (v angleščini) Da, zdaj.

Spraševalec: Ne vem, kje je.

Amma: (v angleščini) Poišči jo.

Spraševalec: Da, bom. Toda najprej moram najti njega, kajti tam je tudi ona. Toda Amma, povej mi zdaj: naj nadaljujem ali končam najin odnos? Ali misliš, da se lahko najina veza zopet vzpostavi?

Amma: Sin, Amma vé, da si še zmeraj navezan nanjo. Najpomembnejše je, da se prepričaš, da ta občutek, ki mu praviš ljubezen, ni ljubezen, ampak navezanost. Šele ta prepričanost ti bo pomagala priti iz tega vznemirjenega mentalnega stanja, v katerem si zdaj. Bodisi da ti bo ponovno uspelo vzpostaviti vezo ali pa ne, če ne boš sposoben jasno razlikovati med navezanostjo in ljubeznijo, boš še naprej trpel.

Amma ti bo povedala zgodbo. Nekoč je visok uradnik obiskal umobolnico. Zdravnik ga je popeljal naokrog. V eni od celic je našel pacienta, ki je ponavljal:»Pumpum … Pumpum … Pumpum …« in se gugal na stolu naprej in nazaj. Uradnika je zanimal razlog njegove bolezni in vprašal je zdravnika, če obstaja kakršnakoli povezava med imenom in boleznijo.

Zdravnik je odgovoril:»Uradnik, to je žalostna zgodba. Pumpum je bilo dekle, ki jo je ljubil. Zapustila ga je in zbežala z nekom drugim. Po tem je znorel.«

»Ubogi prijatelj,« je pripomnil uradnik in odšla sta naprej. Bil je zelo presenečen, ko je videl drugega pacienta, ki je sedel v naslednji celici in ponavljal:»Pumpum … Pumpum … Pumpum …«, medtem pa nenehno udarjal z glavo ob zid. Uradnik se je obrnil k zdravniku in zbegan vprašal:»Kaj je to? Kako to, da tudi ta pacient ponavlja isto ime? Obstaja kakšna povezava?«

»Da, gospod,« je odgovoril zdravnik. »To pa je tisti, ki se je nazadnje poročil s Pumpum.«

Mož je prasnil v smeh.

Amma: Poglej sin, ljubezen je kot cvetenje rože. Ne moreš je prisiliti, da bi se odprla. Če bi jo na silo odprl, bi bila uničena vsa lepota in vonj in niti ti niti nihče drug ne bi imel koristi od tega. Nasprotno, če ji dovoliš, da se razpre sama od sebe, naravno, šele potem lahko izkusiš sladek vonj in živobarvne cvetne liste. Torej, bodi potrpežljiv, opazuj samega sebe. Bodi zrcalo in skušaj videti, kje in kako si naredil napako.

Spraševalec: Mislim, da se bosta moje ljubosumje in jeza končala šele, če se poročim z Bogom.

Amma: Da, kot si rekel. Bodi Božja nevesta. Samo združitev z duhovno resnico te bo usposobila, da boš prešel onkraj in našel pravi mir in radost.

Spraševalec: Mi boš pri tem procesu pomagala?

Amma: Ammina pomoč je vedno na voljo. Le videti jo moraš in jo vzeti.

Spraševalec: Najlepša hvala, Amma. Si mi že pomagala.

Kaj počne pravi Mojster?

Spraševalec: Amma, kaj *Satguru* (pravi Mojster) počne učencu?

Amma: Satguru pomaga učencu videti njegove ali njene pomanjkljivosti.

Spraševalec: Kako to pomaga učencu?

Amma: Resnično videti pomeni, da jih spozna in sprejme. Ko enkrat učenec sprejme svoje pomanjkljivosti, jih lažje premaga.

Spraševalec: Amma, ko praviš »pomanjkljivosti«, se to nanaša na ego?

Amma: Jeza je pomanjkljivost; ljubosumje je pomanjkljivost; sovraštvo, sebičnost in strah, vse to so pomanjkljivosti. Da, temeljni vzrok vseh teh pomanjkljivosti je ego. Um z vsemi svojimi omejitvami in pomanjkljivostmi je poznan kot ego.

Spraševalec: Torej, v bistvu praviš, da je Satgurujevo delo delati na učenčevem egu.

Amma: Satgurujevo delo je pomagati učencu spoznati nepomembnost tega neznatnega pojava, znanega kot ego. Ego je kot plamen, ki gori iz olja v majhni lončeni svetilki.

Spraševalec: Zakaj je pomembno poznati neznatnost ega?

Amma: Zato, ker pri egu ni ničesar novega ali spoštovanja vrednega. Če je na voljo sij sonca, zakaj bi morali skrbeti za ta majhen plamenček, ki lahko vsak trenutek ugasne?

Spraševalec: Amma, bi lahko to točko obrazložila nekoliko temeljiteje?

Amma: Ti si celota, božanskost. V primerjavi s tem ni ego nič drugega kot majhen plamenček. Torej, po eni strani Satguru odstranjuje ego. Po drugi strani pa ti On ali Ona podeljuje vso celoto. Satguru te iz berača povzdigne na položaj vladarja, Vladarja Vesolja. Iz zgolj prejemnika te Satguru napravi darovalca, darovalca vsega tistim, ki se ti približajo.

Dejanja Mahatme

S praševalec: Ali je res, da ima vse, karkoli Mahatma počne, svoj pomen?

Amma: Bolje je reči, da ima vse, karkoli Samouresničena duša počne, božansko sporočilo, sporočilo, ki izraža globlje principe življenja. Celó na videz nesmiselne reči, ki jih počnejo, bodo imele takšno sporočilo.

Nekoč je živel Mahatma, katerega edino opravilo je bilo kotaljenje velike skale na vrh gore. To je bilo edino delo, ki ga je opravljal vse do svoje smrti. Nikoli mu ni bilo dolgčas in nikoli se ni pritoževal. Ljudje so mislili, da je nor, toda ni bil. Včasih mu je vzelo več ur ali celó dni, da je eno samo skalo sam z rokami prikotalil vso pot na vrh gore. In ko jo je uspel prikotaliti na vrh, jo je zakotalil nazaj dol. Ko je Mahatma gledal skalo, kako se kotali z vrha navzdol vse do vznožja gore, je ploskal in se krohotal kot majhen otrok.

Vzpon na kateremkoli področju delovanja zahteva veliko poguma in energije, toda uničenje vsega, kar smo dosegli s trdim delom, ne vzame niti trenutka. To povsem drži celó za vrline. Tudi ta Velika duša nikakor ni bila navezana na iskren trud, ki ga je vlagal v kotaljenje te skale navkreber. Zato se je lahko smejal kot otrok – to je bil smeh najvišje nenavezanosti. Najbrž so bili to nauki, s katerimi je želel vse poučiti.

Ljudje si lahko dejanja Mahatme razlagajo po svoje in jih obsojajo. To pa samo zaradi tega, ker je njihov um brez subtilnosti, ki je potrebna za prodor pod površje. Ljudje imajo pričakovanja, a pravi Mahatma ne more izpolniti pričakovanj nikogar.

Ammini objemi prebujajo

Spraševalec: Če bi Ti kdo rekel, da lahko tudi on počne isto stvar kot jo počneš Ti – to je objemanje ljudi – kaj bi odgovorila?

Amma: To bi bilo čudovito. Svet potrebuje še in še sočutnih src. Amma bi bila srečna, če bi še kdo služil človeštvu z objemanjem ljudi s pravo ljubeznijo in sočutjem kot s svojo dharmo (dolžnostjo) – ker ena Amma ne more fizično objeti vsega človeškega rodú. Toda prava mati ne bi nikoli postavljala zahtev po samožrtvovanju, ki ga sama nudi svojim otrokom.

Spraševalec: Amma, kaj se dogaja, ko objameš ljudi?

Amma: Ko Amma objema ljudi, to ni le fizičen stik. Ljubezen, ki jo Amma čuti do vsega stvarstva, teče k vsakomur, ki pride k Njej. Ta čista vibracija ljubezni prečiščuje ljudi in to jim pomaga pri njihovem notranjem prebujenju in duhovni rasti.

Oboji, moški in ženske današnjega sveta, potrebujejo prebuditev materinskih lastnosti. Namen Amminih objemov je pomagati ljudem ozavestiti to univerzalno potrebo.

Ljubezen je edini jezik, ki ga lahko razume vsako živo bitje. Je univerzalen. Ljubezen, mir, meditacija in *mokša* (osvoboditev), vse to je univerzalno.

Kako napraviti svet Božji?

Spraševalec: Kot družinski človek imam toliko odgovornosti in obveznosti. Kakšna bi morala biti moja naravnanost?

Amma: Če si družinski človek ali menih, najpomembneje je, kako gledaš in se odzivaš na življenje in izkušnje, ki jih to prinaša. Če je tvoja naravnanost pozitivna in sprejemajoča, živiš z Bogom, pa čeprav v svetu. Potem postane svet Bog in vsak trenutek izkušaš Božjo navzočnost. Negativna naravnanost pa prinaša povsem nasproten rezultat – tedaj izbereš življenje s hudičem. Spoznavanje svojega lastnega uma in njegovih nižjih nagnjenj z nenehnim prizadevanjem, da bi jih presegel, bi moralo biti težišče iskrenega *sadhaka* (duhovnega aspiranta).

Nekoč so nekega Mahatmo vprašali: »Presveti, si prepričan, da boš odšel v nebesa, ko boš umrl?«

Mahatma je odgovoril: »Da, seveda.«

»Toda kako veš? Nisi še mrtev in niti ne veš, kaj je v Božjem umu.«

»Poglej, res je, da nimam pojma, kaj je v Božjem umu, vendar poznam svoj um. Vedno sem srečen, kjerkoli sem. Zato, četudi bom v peklu, bom srečen in miren,« je odgovoril Mahatma.

Ta sreča in mir so v resnici nebesa. Vse je odvisno od tvojega uma.

Moč Amminih besed

Takšne izkušnje nisem imel samo enkrat, ampak stokrat. Recimo, da mi nekdo postavi vprašanje ali mi predstavi resen problem. Na zelo opisen in logičen način poskušam odgovoriti na vprašanje in rešiti problem.

Ko izrazijo iskreno zahvalo in spoštovanje ter z mojo rešitvijo odidejo dozdevno srečni, jih gledam z malce domišljavega samoponosa. Kmalu pa vidim to isto osebo, kako gre k drugemu svamiju in mu postavi enako vprašanje – kar je jasen znak, da z mojim nasvetom ni bil zadovoljen. Oseba pa še vedno trpi.

Nazadnje pridejo k Ammi. Amma odgovori na vprašanje na podoben način. Misli, besede, včasih celó primeri, so povsem enaki. Toda v osebi se zgodi nenadna sprememba. Sence dvoma, strah in žalost se povsem dvignejo in človekov obraz zažari. To resnično pripelje do velike razlike.

Vedno razmišljam: »Kaj povzroči takšno razliko? Amma ni povedala nič novega. Toda učinek je izjemen.«

Vzemimo na primer sledeč dogodek: ko je med retreatom[3] Amma stregla kosilo, je k meni pristopila neka indijska zdravnica, ki je zadnjih 25 let živela v Združenih državah in rekla: »To je moje prvo srečanje z Ammo. Rada bi govorila z vami ali s katerim drugim svamijem.«

Potem mi je gospa povedala zelo ganljivo zgodbo. Pred nekaj leti je njen mož odšel na romanje v Himalajo, h gori Kailash. Tam je utrpel srčni napad in na mestu umrl. Gospa ni mogla preboleti bolečine in žalosti. Rekla je: »Jezna sem na Boga. Bog je neusmiljen.« Poslušal sem njeno zgodbo in sočustvoval z njo, kolikor sem mogel.

Govoril sem ji in jo skušal prepričati o duhovnih aspektih smrti ter ji navedel več Amminih primerov.

Svoje svetovanje sem sklenil z zaključkom, da je bil njen mož v resnici zelo srečen, da je izdihnil svoj zadnji dih na svetem bivališču Gospoda Šive. »Imel je krasno smrt,« sem jo spomnil.

Nazadnje, ko je odhajala, je rekla: »Najlepša hvala. Vendar še vedno čutim veliko bolečine.«

Naslednje jutro je gospa prišla na *daršan*. Preden sem lahko karkoli od njene zgodbe povedal Ammi, ji je Amma pogledala globoko v oči in jo vprašala v angleščini: »Žalostna?«

Amma je očitno čutila njeno globoko žalost. Medtem ko sem njeno zgodbo pripovedoval Ammi, jo je Amma s toliko topline stiskala k Sebi. Čez nekaj trenutkov je nežno dvignila njen obraz

---

[3] Beseda »retreat« pomeni umik. Gre za duhovni umik, interni Ammin program. (Op. p.)

in se zopet globoko zazrla v njene oči. »Smrt ni konec; to ni dokončno uničenje. Je začetek novega življenja,« je rekla. »Tvoj mož je bil srečen. Amma ga vidi srečnega in spokojnega. Zato ne žaluj.« Gospa je nenadoma prenehala jokati in na njenem obrazu se je pojavil globok mir.

Tiste noči sem jo zopet srečal. Videti je bila tako olajšana. Gospa je rekla: »Zdaj sem tako mirna. Amma me je resnično blagoslovila. Ne vem, kako mi je lahko tako nenadoma odvzela vso mojo žalost,« je rekla. Pozneje sem s to mislijo v svojem umu vprašal Ammo: »Amma, kako lahko Tvoje besede povzročijo tako veliko preobrazbo? Zakaj ni isto, kadar govorimo mi?«

»Zato, ker ste poročeni s svetom in ločeni od božanskega.«

»Amma, um si želi globlje razlage. Torej, bi bila toliko prijazna, da to malo bolje pojasniš?«

»Poročen s svetom pomeni ,poistoveten z umom', česar posledica je navezanost na raznolik svet in njegove predmete. To te zadržuje oddvojenega ali ločenega od tvoje notranje božanske narave.«

»To je kot stanje hipnoze. Ko se odhipnotiziramo od uma, pride do notranje ločitve. V tem stanju lahko še zmeraj funkcioniraš v svetu, toda tvoja notranja poroka ali združitev z božanskim ti pomaga videti napačno, spreminjajočo se naravo sveta. Zato ostaneš neprizadet ali nenavezan. Svet in njegovi predmeti te nič več ne hipnotizirajo. To je zares najvišje stanje Samouresničitve. Spoznaš, da v tej združitvi ali poroki s svetom ni nobene resnice. Resnica leži v ponovni združitvi z božanskim in v tem, da ostaneš za vselej poročen z njim. *Gopijke* (žene kravjih pastirjev) iz Vrindavana so same sebe smatrale za neveste Gospoda Krišne. Notranje so bile poročene z njim, z božanskim, in ostale ločene od sveta.

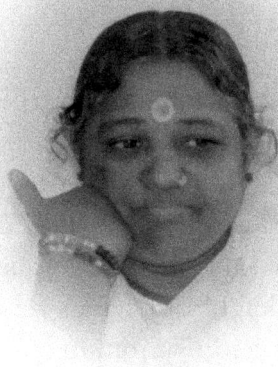

Znanstveniki in svetniki

O dgovor častilcu, ki je postavil vprašanje o nevernikih:

Amma: Mar ne verjamemo znanstvenikom, ko govorijo o luni in Marsu? Pa vendar, koliko izmed nas lahko zares potrdi, da je tisto, kar pravijo, resnično? Še vedno pa zaupamo besedam znanstvenikov in astronomov, mar ne? Prav tako so svetniki in vidci preteklosti leta izvajali poskuse v svojih notranjih laboratorijih in spoznali najvišjo resnico, ki je podlaga vesolja. Tako kot zaupamo besedam znanstvenikov, ki govorijo o dejstvih, ki so nam neznana, bi morali imeti vero v besede velikih Mojstrov, ki govorijo o Resnici, v kateri so nastanjeni.

Kako preseči misli?

Spraševalec: Amma, zdi se, da ni konca teh misli. Bolj ko meditiramo, več misli prihaja. Zakaj je tako? Kako naj odstranimo te misli in jih presežemo?

Amma: Misli, ki tvorijo um, so pravzaprav inertne. Svojo moč pridobivajo iz Atmana. Naše misli so naša lastna stvaritev. Resnične jih napravimo tako, da z njimi sodelujemo. Če umaknemo svojo podporo, se bodo raztopile. Misli opazuj pobliže, brez vrednotenja. Potem jih boš videl, kako postopoma odhajajo.

Um zbira misli in želje že veke – skozi različna telesa, v katerih si se rodil. Vsa ta čustva so zakopana globoko v nas. Kar vidiš ali izkusiš na površju uma, je le majhen del skritih plasti, ki spijo znotraj nas. Ko skušaš skozi meditacijo umiriti um, te misli počasi prihajajo na površje. To je tako, kot bi skušal očistiti tla, ki že dolgo niso bila umita. Sedaj, ko pričenjamo s tem procesom, bolj ko umivamo, več umazanije pride na površje, saj se je umazanija na tleh zbirala leta.

Enako je z umom – prej nismo nikoli polagali nobene pozornosti raznim mislim, ki so tekle skozi naš um. Tako kot umazana tla, je um zelo dolgo zbiral misli, želje in čustva. Zavedamo pa se le površinskih. Toda pod površjem so neštete plasti misli in čustev. Tako kot prihaja pri čiščenju tal na površje vse več umazanije, postane s poglabljanjem naše meditacije očitnih vedno več misli. Nadaljuj s čiščenjem in izginile bodo.

V bistvu je dobro, če se pokažejo. Kajti ko jih enkrat vidiš in prepoznaš, jih je lažje odstraniti. Ne izgubljaj potrpljenja. Bodi vztrajen in še naprej izvajaj svojo *sadhano* (duhovne vaje). Čez čas boš pridobil moč, da jih boš presegel.

Nasilje, vojna in rešitev

Spraševalec: Kaj lahko ljudje storijo, da bi naredili konec vojni in trpljenju?

Amma: Biti bi morali bolj sočutni in imeti več razumevanja.

Spraševalec: To najbrž ni takojšnja rešitev.

Amma: Takojšnja in hitra rešitev je skoraj nemogoča. Izvajanje časovno omejenega programa tudi ne bi delovalo.

Spraševalec: Toda to ni tisto, kar želijo mirovniki sveta. Oni želijo hitro rešitev.

Amma: To je dobro. Naj ta želja, da se najde hitra rešitev, še naprej raste, dokler ne bo postala silno hrepenenje. Šele iz takšnega globokega hrepenenja se bo razvila hitra rešitev.

Spraševalec: Mnogo duhovno usmerjenih ljudi je mnenja, da je nasilje ali vojna zunaj samo manifestacija nasilja znotraj. Kaj misliš o tem?

Amma: Res je. Vendar je treba razumeti, da tako kot je nasilje del človeškega uma, sta prav tako tudi mir in sreča del njega. In če ljudje resnično želijo, lahko najdejo mir tako znotraj kot zunaj. Zakaj so ljudje bolj osredotočeni na agresiven in destruktiven aspekt uma? Zakaj povsem prezrejo neskončno sočutje in ustvarjalne viške, ki jih lahko doseže ta isti um?

Navsezadnje vse vojne niso nič drugega kot hrepenenje uma, da bi izrazil svoje notranje nasilje. Um ima primitiven, nerazvit ali premalo razvit aspekt. Vojna je rezultat tega primitivnega dela uma. K vojni hujskaška narava uma je preprosto primer, ki dokazuje, da še nismo prerasli svojega primitivnega uma. Dokler ta del ni presežen, se bosta v družbi nadaljevala vojna in konflikt. Iskanje pravega načina, kako ta aspekt uma preseči in to izvesti, je primerna in zdrava metoda pristopa do vprašanja vojne in nasilja.

Spraševalec: Je ta način duhovnost?

Amma: Da, ta način je duhovnost – preobrazba našega miselnega procesa in da prerastemo svoje mentalne šibkosti in omejitve.

Spraševalec: Misliš, da bodo ljudje vseh ver to sprejeli?

Amma: Če sprejmejo ali ne, takšna je resnica. Šele ko bodo verski voditelji pričeli oznanjati duhovne principe svoje religije, se bo spremenila današnja situacija.

Spraševalec: Amma, ali misliš, da je temeljni princip vseh religij duhovnost?

Amma: To ni Ammino mišljenje. To je Ammino trdno prepričanje. To je resnica.
Religija in njeni bistveni principi niso bili pravilno razumljeni. V resnici so bili razloženi napačno. Za vsako religijo na svetu obstajata dva aspekta: zunanji in notranji. Zunanji je filozofija ali razumski del, notranji pa je duhovni del. Tisti, ki se preveč navežejo na zunanjost religije, jih bo to zapeljalo. Religije so kažipoti. Kažejo na cilj in cilj je duhovna uresničitev. Da bi dosegel ta cilj, mora človek preseči kažipote, se pravi besede.

Na primer, prečkati moraš reko. Uporabiti moraš plovilo. Kakorkoli, ko dosežeš drugi breg, se moraš izkrcati in iti naprej. Če pa, nasprotno, nepopustljivo praviš:»To ladjo imam tako rad. Nočem se izkrcati. Kar tukaj bom ostal,« potem ne boš dosegel drugega brega. Religija je ladja. Uporabi jo za prečenje oceana napačnega razumevanja in napačnih predstav o življenju. Brez razumevanja in urjenja tega, se pravi mir ne bo pojavil, niti na zunaj niti znotraj. Religija je kot ograda, ki mladiko varuje pred živalmi. Ko enkrat postane drevo, preraste potrebo po zaščiti. Zato lahko rečemo, da je religija kot ograda, uresničitev pa kot drevo.

Nekdo pokaže s prstom na sadež na drevesu. Gledaš konico prsta in potem onkraj nje. Dokler ne pogledaš onkraj konice prsta, ne boš uzrl sadeža. V sodobnem svetu ljudje vseh religij zgrešijo sadež. Preveč so se navezali in postali celó obsedeni s prstnimi konicami – besedami in zunanjimi aspekti njihove religije.

Spraševalec: Ali misliš, da v družbi ni dovolj zavedanja o tem?

Amma: Da bi se ustvarilo to zavedanje, je potrebno veliko dela. Toda gostota teme je tolikšna, da se moramo prebuditi in še bolj trdo delati. Seveda so v ustvarjanje tega zavedanja vpleteni posamezniki in organizacije. Toda le z organiziranjem konferenc in predavanj o miru cilj ne bo dosežen. Pravo zavedanje prihaja le skozi meditativno življenje. To je nekaj, kar se mora zgoditi znotraj nas. Vse organizacije in posamezniki, ki so aktivno vključeni v vzpostavitev mirnega sveta brez vojn, bi morali poudarjati to bistvo. Mir ni produkt razumskega urjenja. To je občutek, še bolje razcvet, do katerega pride znotraj nas kot rezultat usmerjanja naše energije skozi prave kanale. In to je tisto, kar povzroči meditacija.

Spraševalec: Kako bi opisala sedanje stanje v svetu?

Amma: Človeški zarodek v materini maternici je v začetku podoben ribi. Ob koncu pa je videti skoraj kot opica. Čeprav trdimo, da smo civilizirani ljudje, ki smo na znanstvenem področju naredili velike skoke naprej, mnoga naša dejanja nakazujejo, da smo navznoter še vedno ta zadnja faza v maternici.

Vsekakor bi Amma rada povedala, da je človeški um precej naprednejši kot opičji. Opica lahko skače le z veje na vejo, z drevesa na drugo drevo, človeški opičji um pa lahko napravi mnogo večje skoke. Lahko skače od tu do kamorkoli, do lune ali himalajskih vrhov in od sedanjosti v preteklost in prihodnost.

Šele notranja sprememba, ki temelji na duhovnem pogledu, bo prinesla mir in naredila konec trpljenju. Večina ljudi je v svojih stališčih nepopustljiva. Njihov slogan je:»Spremenil se bom le, če se boš najprej spremenil ti.« To ne bo koristilo nikomur. Če se najprej spremeniš ti, se bo drugi prav tako samodejno spremenil.

Kristus in krščanstvo

Spraševalka: Že od rojstva sem kristjanka. Ljubim Kristusa, vendar ljubim tudi Ammo. Ti si moj Guru. Moja dilema pa je, da moja sinova, ki sta vneta sledilca cerkve in Jezusa, ne verjameta v nič drugega kot to. Kar naprej mi govorita: »Mama, žalostna sva, ker te ne bova videla v nebesih, saj boš šla v pekel, ker ne slediš Kristusu.« Poskušam se z njima pogovoriti, vendar nočeta poslušati. Amma, kaj naj storim?

Amma: Amma popolnoma razume njuno vero v Kristusa. V resnici Amma iskreno ceni in ima veliko spoštovanje do ljudi, ki imajo globoko vero v svojo religijo in osebnega Boga. Povsem pa je narobe in nelogično reči, da bodo vsi drugi, ki ne verjamejo v Kristusa, šli v pekel. Ko je Kristus rekel: »Ljubi svojega bližnjega kakor samega sebe,« ni mislil: »Ljubi samo kristjane,« mar ne? Trditev: »Vsi drugi, razen kristjani, bodo šli v pekel,« zaradi popolnega pomanjkanja ljubezni ne upošteva drugih. To je laž. Laganje pa je proti Bogu. Pobožanstvenost ali pobožnost je, da smo resnicoljubni, ker je Bog Resnica. Bog je to, da upoštevamo in ljubimo tudi vse ostale.

Trditev, kot je: »Vsi vi boste šli v pekel, ker ne sledite Kristusu,« kaže popolno nespoštovanje in pomanjkanje naklonjenosti do ostalega človeštva. Kako ošabno in kruto je reči, da so šli vsi veliki svetniki, modreci in milijarde ljudi, ki so živeli pred Kristusom, v pekel! Ali ti ljudje trdijo, da so izkušnje Boga stare samo 2000 let? Ali morda celó mislijo, da je Bog star komaj 2000 let? To je proti pravi naravi Boga, ki je vseprežemajoč ter onkraj prostora in časa.

Jezus je bil Bog manifestiran v človeški obliki. Ammi ni noben problem sprejeti tega. To pa še ne pomeni, da vse velike inkarnacije pred in po njem niso Avatarji (Bog, ki se je spustil na Zemljo v človeški obliki) ali da niso sposobni rešiti tistih, ki imajo vero vanje.

Mar ni Kristus rekel:»Nebeško kraljestvo je znotraj«? To je tako preprosta in odkrita trditev. Kaj to pomeni? Pomeni, da Bog prebiva v tebi. Če so nebesa znotraj, potem je tudi pekel znotraj. To je tvoj um. Um je zelo učinkovito orodje. Lahko ga uporabimo, da ustvarimo oboje: pekel ali nebesa.

Vse Mahatme, vključno s Kristusom, dajejo velik pomen ljubezni in sočutju. V resnici sta ljubezen in sočutje temeljni načeli vseh pristnih religij. Te božanske lastnosti služijo kot temelj vsake vere. Brez da bi sprejel čisto zavest kot bistveno načelo, na katerem vse temelji, človek ne more ljubiti in biti sočuten do drugih. Trditev:»Ljubim te, vendar samo, če si kristjan,« je kot bi rekli:»Samo kristjani imajo zavest; vsi drugi so inertni predmeti.« Zanikati zavest pomeni zanikati ljubezen in Resnico.

Hčerka, kar se tiče tvoje situacije, Amma ne misli, da bo lahko spremeniti način razmišljanja tvojih otrok. In tudi ni potrebno. Naj verjamejo po svoje. Slêdi svojemu srcu in v tišini nadaljuj s tistim, kar misliš, da je prav. Navsezadnje je samo globok občutek v tvojem srcu tisto, kar res šteje.

Bodi dober kristjan, hindujec, budist, jud ali musliman, toda nikoli ne izgubi svojega pravega razlikovanja in ne postani norec v imenu religije.

Iniciacija v Kristusovo mantro

Mlad kristjan je Ammo prosil za mantro. »Kdo je tvoje ljubljeno božanstvo?« ga je vprašala Amma.

»To je odvisno od Tebe, Amma. Kateregakoli Boga boš izbrala, takšno mantro bom ponavljal,« je rekel.

Amma je odgovorila: »Ne, Amma vé, da si bil rojen in vzgojen kot Kristjan, tako da je ta *samskara* (prevladujoče nagnjenje, podedovano iz tega in prejšnjih življenj) globoko ukoreninjena v tebi.

Po kratkem premisleku je mladenič rekel:»Amma, če želiš, da sam izberem božanstvo, me prosim iniciiraj (vpelji, op. p.) v Kali mantro.«

Amma je ljubeče zavrnila njegovo prošnjo in rekla:»Poglej, Amma vé, da Ji poskušaš ustreči. Za Ammo ni pomembno, ali ponavljaš Kali mantro ali Kristusovo mantro. Bodi pošten do sebe in odprt do Amme. Takšna drža resnično osreči Ammo.«

»Toda Amma, ponavljam *Mritjundžaja* mantro in druge hindujske molitve,« je rekel, da bi prepričal Ammo.

Amma je odgovorila:»To je najbrž res, a vseeno moraš ponavljati Kristusovo mantro, ker je to tvoja prevladujoča samskara. Če boš ponavljal drugo mantro, boš imel na dolgi rok težave z vztrajanjem. To bo ustvarilo priložnost, da se dvignejo nasprotujoče misli.«

Toda mladenič je bil neomajen. Želel je, da bodisi Amma Sama izbere mantro zanj ali da ga iniciira v Kali mantro. Nazadnje je Amma rekla:»V redu sin, stori tako – nekaj časa tiho sêdi in meditiraj. Poglejmo, kaj se bo zgodilo.«

Nekaj minut po tem, ko je prenehal meditirati, ga je Amma vprašala:»Povej zdaj Ammi, kdo je tvoje ljubljeno božanstvo?« Mladenič se je le smehljal. Amma ga je vprašala:»Kristus, mar ne?« Fant je odgovoril:»Da, Amma. Imaš prav, jaz pa sem imel narobe.«

Amma mu je povedala:»Amma ne vidi nobene razlike med Kristusom, Krišno in Kali. In čeprav je ni v tvojem zavestnem umu, podzavestno čutiš razliko. Amma je želela, da to spoznaš in sprejmeš. Zato ti je rekla, da meditiraj.«

Mladenič je bil srečen in Amma ga je iniciirala v Kristusovo mantro.

Iskalci v zmoti in pot iz tega

Spraševalec: Amma, so ljudje, ki so dolgo izvajali intenzivne duhovne vaje. Vendar so kljub temu zelo v zmoti. Nekateri celó trdijo, da so dokončali svoje potovanje. Kako lahko pomagamo takšnim ljudem?

Amma: Kako jim lahko kdo pomaga, dokler sami nimajo potrebe po tem? Da bi se izvlekel iz teme zmote, mora človek najprej sprevideti, da je on ali ona v temi. To je še eno zapleteno mentalno stanje. Ti otroci so v njem obtičali in jim je težko sprejeti resnico. Kako bi lahko sicer nekdo trdil nekaj, kot trdijo ti otroci, če je povsem osvobojen od vseh oblik ega?

Spraševalec: Kaj jih sili v to zmotno mentalno stanje?

Amma: Njihov napačen koncept o duhovnosti in proučevanju samega Sebe.

Spraševalec: Se jih da rešiti?

Amma: Samo, če želijo biti rešeni.

Spraševalec: Jih ne more rešiti Božja milost?

Amma: Seveda, toda, ali so odprti, da sprejmejo to milost?

Spraševalec: Milost in sočutje sta brezpogojna. Da si odprt, pa je pogoj, mar ne?

Amma: Odprtost ni pogoj. To je potreba, tako nujna, kot je nujno potrebno jesti in spati.

Pomoč pravega Mojstra pomaga dokončati naše potovanje

Spraševalec: Nekateri menijo, da za dosego Božanske realizacije vodstvo Guruja ni potrebno. Amma, kaj Ti meniš o tem?

Amma: Telesno slepa oseba vsepovsod vidi temo. Zato poišče pomoč. Če pa so ljudje slepi duhovno, se tega ne zavedajo. Če pa to vedo, tega ne sprejmejo. Zato jim je težko poiskati vodstvo.
Ljudje imajo različna mnenja in jih lahko svobodno izražajo. Bistroumni lahko marsikaj dokažejo ali ovržejo. Toda njihove ugotovitve niso nujno resnične. Bolj ko ste intelektualni, bolj ste samoljubni. Za takšnega človeka predanost ni tako preprosta. Izkušnja Boga ne more postati stvarnost, dokler se ne preda ego. Ljudje, ki so zelo navezani na svoj ego, bodo vedno našli mnogo načinov, da bodo zagovarjali svoja sebična dejanja. Če kdo trdi, da na poti k Bogu Gurujevo vodstvo ni potrebno, Amma čuti, da se takšna oseba boji predati svoj ego. Ali pa morda sama hrepeni po tem, da bi bila Guru.
Čeprav je naša prava narava božanska, se že tako dolgo identificiramo s svetom imen in oblik, da mislimo, da je le-ta resničen. Moramo se odreči istovetenju z njim.

Daritev nedolžnega srca

Majhna deklica, ki je prišla na *daršan*, je Ammi darovala lepo cvetlico. Rekla je:»Amma, to je iz našega domačega vrta.«

Amma je odgovorila:»A tako? Ljubka je.« Ko je Amma sprejela cvetlico od deklice, se je cvetlice ponižno dotaknila z glavo, kot bi se ji priklonila.«

»Si jo sama utrgala?« je vprašala Amma. Deklica je prikimala.

Dekličina mati je pojasnila, da je bila njena hčerka tako navdušena, ko ji je povedala, da nameravajo obiskati Ammo, da je takoj stekla na vrt in se vrnila s cvetlico. In res, na cvetlici so bile še vedno kaplje rose.»Pokazala mi je cvetlico in rekla: ‚Mami, ta cvetlica je tako lepa kot Amma.‘«

Deklica je sedela v Amminem naročju. Nenadoma je Ammo tesno objela in Jo poljubila na obe lici. Rekla je:»Tako zelo Te imam rada, Amma.« Potem, ko ji je Amma vrnila več poljubčkov, ji je odgovorila:»Otrok moj, tudi Amma ima tebe zelo rada.«

Medtem, ko je opazovala majhno deklico, ki je veselo poplesavala poleg matere, ko sta se vračali k svojima sedežema, je Amma rekla:»Nedolžnost je tako lepa in ti prevzame srce.«

Vroča linija do Boga

V času vprašanj-in-odgovorov na enem od Amminih internih programov je eden od častilcev rekel z zaskrbljenim tonom: »Amma, na tisoče ljudi moli k Tebi. Zdi se, da so skoraj vse linije zasedene, ko kličem na pomoč. Imaš kak predlog zame?«

Ko je Amma slišala to vprašanje, se je iz srca zasmejala in odgovorila: »Ne skrbi, sin. Imaš direktno linijo.« Ammin odgovor je izzval bučen smeh. Nadaljevala je: »Dejansko ima vsakdo vročo linijo do Boga. Vendar je kvaliteta linije odvisna od gorečnosti tvoje molitve.«

Kot teče reka ...

Spraševalec: Amma, isto delo opravljaš dan za dnem, leto za letom. Se ne začneš dolgočasiti, ko tako nenehno objemaš ljudi?

Amma: Če bi bilo reki dolgočasno teči, če bi bilo soncu dolgočasno sijati in če bi bilo vetru dolgočasno pihati, bi bilo tudi Ammi dolgočasno.

Spraševalec: Amma, kjerkoli Si, Si vedno obdana z ljudmi. Ali ne čutiš potrebe po vsaj malo svobode in samote?

Amma: Amma je vedno svobodna in sama.

Vedski zvoki in mantre

Spraševalec: Starodavni *Rišiji* (modreci) so znani kot *mantra drište* (tisti, ki so videli mantre). Ali to pomeni, da so videli čiste zvoke in mantre?

Amma: »Videli so« pomeni »vzšle znotraj« ali izkusili. Mantre je mogoče izkusiti samo notranje. Vedski zvoki in mantre so v vesolju in ozračju že obstajali. Kaj počnejo znanstveniki, ko nekaj izumijo? Dejstvo, ki je tako dolgo ležalo skrito, prinesejo v luč. Temu ne moremo reči nov izum. Samo razkrijejo ga.

Edina razlika med znanstvenimi izumi in mantrami je v subtilnejših nivojih. Rišiji so skozi strogo disciplino napravili svoja notranja orodja jasna in popolnoma čista. Tako so ti univerzalni zvoki samodejno vzšli znotraj njih.

Vémo, kako iz radijske ali televizijske postaje skozi zrak potujejo zvoki in podobe v obliki vibracij. Ves čas so prisotni v ozračju. Vendar, da bi jih videli in slišali, moramo uglasiti svoj instrument, radio ali televizijo. Prav tako se bodo ti božanski zvoki razkrili tistim, ki imajo jasen in čist um. Zunanje oči nimajo te moči, da bi jih videle. Samo z razvojem tretjega ali notranjega očesa bomo sposobni izkusiti te zvoke.

Naj bo kakršenkoli zvok, nauči se ga čutiti tako globoko kot moreš. Čutiti zvok, ne samo slišati, je tisto, kar resnično šteje. Občuti svoje molitve, čuti svojo mantro in čutil boš Boga.

Spraševalec: Ali mantre kaj pomenijo?

Amma: Ne na tak način kot misliš ali pričakuješ ti. Mantre so najčistejša oblika univerzalnih vibracij ali *šakti* (božanske energije), globina, ki so jo v globoki meditaciji izkusili Rišiji. Mantra je moč vesolja v semenski obliki. Zato so znane kot *bidžakšare* (semenski zvoki). Ko so prešli skozi to izkušnjo, so te čiste zvoke podarili človeštvu. Toda verbalno povzemanje izkušnje, zlasti, ker so to najgloblje od vseh izkušenj, ni tako lahko. Zato so mantre, ki jih imamo, najboljši približki univerzalnemu zvoku, ki so jih lahko za korist sveta verbalno ustvarili sočutni Rišiji. Vendar še vedno ostaja dejstvo, da lahko polnost mantre izkusiš šele, ko tvoj um doseže popolno čistost.

Nekaj manjka

Spraševalec: Amma, toliko ljudi pravi, da kljub vsemu njihovemu materialnemu udobju v njihovem življenju nekaj manjka. Zakaj čutijo tako?

Amma: Življenje prinaša različnim ljudem različne izkušnje in situacije glede na njihovo preteklo karmo (dejanja) in način, kako živijo in delujejo v sedanjosti. Kdorkoli si ali kakršnekoli materialne ravni dosegaš, ti bo šele življenje in razmišljanje na dharmičen (pravičen) način pomagalo doseči popolnost in srečo v življenju. Če tvoje premoženje in želje niso uporabljeni v skladu z najvišjo dharmo, to je za dosego *mokše* (osvoboditve), nikoli ne boš imel miru. Vedno boš imel občutek, da ti ‚nekaj manjka.“ To, kar ti manjka, je mir, izpolnjenost in zadovoljstvo. In ta primanjkljaj prave radosti povzroča občutek praznine, ki je ni mogoče zapolniti z vdajanjem užitkom ali z izpolnitvijo materialnih želja. Ljudje po vsem svetu mislijo, da to vrzel lahko zapolnijo z izpolnitvijo svojih želja. V resnici pa bo ta vrzel ostala in se celó razširila, če bodo še naprej tekali samo za posvetnimi stvarmi.

Dharma in mokša sta si medsebojno odvisni. Tisti, ki živi po načelih dharme, bo dosegel mokšo in tisti, ki si želi doseči mokšo, bo vselej živel dharmično življenje.

Če se denar in premoženje uporablja nepravilno in nemodro, lahko postaneta veliki oviri. To dvoje je ovira tistim, ki se želijo duhovno razvijati. Več denarja imaš, bolj verjetno postaneš obseden s svojim telesom. Bolj se istovetiš s telesom, bolj postajaš sebičen. Ni problem denar, temveč nespametna navezanost nanj.

Svet in Bog

Spraševalec: Kakšna je zveza med svetom in Bogom, srečo in žalostjo?

Amma: Dejansko je potrebno, da svet spozna Boga ali izkusi pravo srečo. Učitelj v učilnici piše z belo kredo na črno tablo. Črno ozadje ustvari kontrast za bele črke. Podobno je svet ozadje za nas, da spoznamo svojo čistost, se zavémo svoje prave narave, ki je večna sreča.

Spraševalec: Amma, je res, da so samo človeška bitja nesrečna ali nezadovoljna; živali pa ne?

Amma: Ne ravno. Tudi živali imajo občutja žalosti in nezadovoljstva. Tudi one občutijo žalost, ljubezen, jezo in druga čustva.

Toda tega ne čutijo tako globoko kot človeška bitja. Ljudje so bolj razviti, zato vse to čutijo na mnogo globlji način.

Pravzaprav kažejo globoki občutki žalosti na zmožnost, da se lahko premaknemo k drugi skrajnosti, v blaženost. Iz tega občutka globoke žalosti in bolečine lahko v resnici zberemo dovolj moči, da gremo na pot raziskovanja svojega notranjega Jaza. To je le vprašanje kanaliziranja svoje *šakti* (vitalne sile) z več razlikovanja.

Spraševalec: Amma, kako lahko uporabimo svojo šakti z več razlikovanja?

Amma: To nam bo pomagalo samo globlje razumevanje. Recimo, da se udeležimo pogrebne slovesnosti ali obiščemo bolnega starejšega človeka, ki je popolnoma priklenjen na posteljo. Zagotovo bomo občutili žalost. Toda čez čas, ko bomo prišli domov in se lotili svojih obveznosti, bomo na to pozabili in krenili dalje. Prizor se ni dotaknil najbolj notranjega kotička našega srca; ni prišel globoko. Vendar pa, če lahko resnično razmišljaš o takšnih izkušnjah na način:»Prej kot slej se bo enako zgodilo tudi meni. Moram raziskati vzrok vsega tega trpljenja in se pripraviti, preden bo prepozno,« bodo postopoma spremenile tvoje življenje in te usmerile v globlje skrivnosti vesolja. Če si resen in iskren, boš postopoma odkril pravi izvor radosti.

Medtem, ko je Amma govorila, je otrok, ki je udobno sedel v materinem naročju, nenadoma pričel jokati. Ko ga je poklicala:»Otročiček ... otročiček ... otročiček,« je Amma vprašala, zakaj joče. Mati je pokazala dudo in rekla:»Tole je izgubila.« Vsi so se zasmejali. Potem je mati vtaknila dudo nazaj v dojenčkova usta in prenehal je jokati.

Amma: Mala je izgubila svojo srečo. To je bil dober primer, ki smo ga skušali razjasniti. Duda je iluzija, tako kot svet. Otroku ne daje nobene hrane. A otrok kljub temu preneha jokati. Torej lahko rečemo, da ima vseeno nek namen, tako rekoč. Enako tudi svet v resnici ne hrani duše. Vendar ima nek namen, ki je ta, da nas spomni na Stvarnika ali Boga.

Spraševalec: Rečeno je, da je pred uresničitvijo njegovega notranjega Jaza človeku usojeno iti skozi brezmejne bolečine in žalost. Je ta trditev pravilna?

Amma: Tudi sicer v življenju obstajata bolečina in žalost. Duhovnost ni potovanje naprej; je potovanje nazaj. Vračamo se k svojemu prvotnemu izvoru obstoja. V tem procesu moramo preiti skozi plasti čustev in *vasan* (nagnjenj), ki smo jih že tako dolgo kopičili. Bolečina pride od tod, ne od zunaj. S prehajanjem skozi te plasti z odprto naravnanostjo, jih dejansko prečkamo in presežemo, kar nas bo nazadnje privedlo v prebivališče najvišjega miru in blaženosti.

Preden doseže vrh gore mora biti človek v dolini ob vznožju gore, na drugi skrajnosti. Podobno, preden doseže vrh sreče, je izkušnja drugega konca, to je žalosti, neizbežna.

Spraševalec: Zakaj je neizbežna?

Amma: Dokler obstaja istovetenje z egom in dokler čutiš:»Ločen sem od Boga,« bosta obstajali tudi bolečina in žalost. Sedaj stojiš ob vznožju gore. Preden sploh lahko pričneš plezati na goro, se moraš odreči svoji navezanosti na dolino in vsemu, kar si v njej lastiš. Bolečina je neizbežna le, če to storiš neodločno. Sicer bolečine ni. Ko se tej navezanosti odrečeš, preraste bolečina v silno hrepenenje, v hrepenenje po dosegi vrhov večne združenosti. Vprašanje pa je, koliko se jih lahko iskreno odreče tej navezanosti.

Častilec se je za nekaj trenutkov zamislil. Ko je Amma zaznala njegovo tišino, je potrkala na njegovo glavo in rekla:»Ko uglašuješ boben ega, naj se iz njega razlegajo prijetni zvoki.«*Častilec se je spontano zakrohotal.*

Amma: Amma je slišala zgodbo. Bil je nek bogat mož, ki je izgubil vso zanimanje za posvetno življenje in si želel zaživeti novo življenje miru in spokojnosti. Imel je vse, kar se da kupiti z denarjem, toda življenje se mu je še vedno zdelo skrajno nesmiselno. Zato je sklenil poiskati vodstvo duhovnega Mojstra. Preden je odšel od doma, je razmišljal:»Kaj naj storim z vsem tem denarjem? Vse bom daroval Mojstru in pozabil nanj. Po čemer resnično hrepenim, je prava sreča.«Tako je dal bogataš vse zlatnike, ki jih je premogel, v mošnjo in jih odnesel s seboj.

Po celodnevnem potovanju je našel Mojstra, ki je na robu neke vasi sedel pod drevesom. Mošnjo je položil pred Mojstra in se mu priklonil. Toda, ko je zopet dvignil glavo, je mož osupel videl Mojstra bežati z mošnjo. Povsem zmeden in osupel zaradi Gurujevega čudnega vedenja, mu je bogataš sledil tako hitro, kolikor so ga nesle noge. Mojster je tekel vse hitreje – preko polj, čez hribe in doline, skakal je čez potoke, gazil po grmovju in tekal po cestah. Stemnilo se je že. Mojstru je bil sistem vaških ozkih ter vijugastih potk in kolovozov tako domač, da mu je bogataš le s težavo sledil.

Nazadnje je bogataš opustil vse upanje in se vrnil tja, kjer je najprej srečal Mojstra. In tam je ležala njegova mošnja – skrit za drevesom pa je čakal Mojster. Čim je bogataš pohlepno zgrabil svojo dragoceno mošnjo z denarjem, je izza drevesa pokukal Mojster in rekel:»Povej mi, kako se zdaj počutiš.«

»Srečen sem, zelo sem srečen – to je najsrečnejši trenutek v mojem življenju.«

»Torej,« je rekel Guru, »da bi izkusil pravo srečo, mora iti človek tudi skozi drugo skrajnost.«

Otroci, lahko tavate po svetu, tekate za njegovimi različnimi stvarmi. Toda dokler se ne boste vrnili k izvoru, iz katerega prvotno izhajate, se prava sreča ne bo zgodila. To je še en nauk te zgodbe.

Spraševalec: Amma, slišal sem, da prave sreče ni mogoče najti, dokler se ne ustavi vse iskanje. Kako lahko to pojasniš?

Amma: »Vse iskanje se mora ustaviti« pomeni, da bi se moralo ustaviti iskanje sreče v zunanjem svetu, kajti tisto, kar iščeš, je v tebi. Prenehaj tekati za stvarmi sveta in se obrni navznoter. Tam boš našel tisto, kar iščeš.

Si oboje, iskalec in iskano. Iščeš nekaj, kar že imaš. Tega se ne da najti zunaj. Zato bo rezultat vsakega iskanja sreče zunaj sebe polomija in razočaranje. To je tako kot pes, ki lovi svoj lastni rep.

Neskončna potrpežljivost

Bil je moški poznih petdesetih let, ki je bil že od leta 1988 redni obiskovalec Amminih programov v New Yorku. Ne morem ga pozabiti, ker je imel za Ammo vedno ista vprašanja. In skoraj vsakokrat sem končal kot njegov tolmač. Leto za letom je možakar spraševal naslednja tri vprašanja, ne da bi jih enkrat samkrat preoblikoval:

Mi Amma lahko dá takojšnjo Samouresničitev?

Kdaj se bom poročil s čedno žensko?

Kako lahko na hitro zaslužim in obogatim?

Ko sem ga videl prihajati v vrsti za daršan, sem v šali pripomnil, »Prihaja pokvarjena plošča.«

Amma je takoj doumela, na koga se to nanaša. Strogo me je pogledala in rekla: »Duhovnost je vse v zvezi z občutenjem ter delitvijo problemov in bolečin drugih. Človek bi moral imeti vsaj zrel intelektualen pristop do ljudi, ki gredo skozi takšne probleme in situacije. Če nimaš toliko potrpežljivosti, da bi jih poslušal, nisi primeren za Amminega tolmača.«

Iskreno sem prosil Ammo odpuščanja za svojo pristransko sodbo in besede. Še vedno pa sem dvomil, če Amma želi že petnajstič slišati njegova vprašanja.

»Naj vzamem njegova vprašanja?« sem vprašal Ammo.

»Seveda, zakaj sprašuješ?«

Seveda so bila spet ista tri vprašanja. In spet me je napolnjevalo spoštovanje in čudenje, ko sem bil priča, kako mu je Amma prisluhnila in mu svetovala, kot da bi njegova vprašanja slišala prvič.

Spraševalec: Mi Amma lahko dá takojšnjo Samouresničitev?

Amma: Ali redno meditiraš?

Spraševalec: Upam, da bom dobro zaslužil, delam 50 ur na teden. Kljub temu meditiram, toda ne redno.

Amma: To pomeni?

Spraševalec: Potem, ko opravim svoje vsakodnevno delo, meditiram, če najdem čas.

Amma: Dobro, kaj pa ponavljanje mantre? Ali ponavljaš svojo mantro vsak dan, kot si bil poučen?

Spraševalec: (obotavljajoče) Da, ponavljam svojo mantro, vendar ne vsak dan.

Amma: Kdaj greš v posteljo in kdaj zjutraj vstaneš?

Spraševalec: Običajno grem v posteljo okrog polnoči, vstanem pa ob sedmih zjutraj.

Amma: Kdaj greš z dela?

Spraševalec: Moj delovni čas traja od pol devetih do petih popoldne. Do tja imam 35 do 40 minut vožnje, če ni zastojev na cesti. Zato običajno odidem od doma okrog 7.35 zjutraj. Ko vstanem, je ravno dovolj časa, da si pripravim skodelico kave, popečem dva kosa kruha in se oblečem. Z zajtrkom in skodelico kave v rokah skočim v avto in se odpeljem.

Amma: Kdaj se vrneš z dela?

Spraševalec: *Hmm* ... ob 5.30 ali ob 6.00.

Amma: Kaj počneš po tem, ko prideš domov?

Spraševalec: Pol ure počivam in potem skuham večerjo.

Amma: Za koliko ljudi?

Spraševalec: Samo zase. Sam sem.

Amma: Koliko časa ti to vzame?

Spraševalec: Približno 40 minut do 1 uro.

Amma: To je do 7.30. Kaj počneš po večerji? Gledaš televizijo?

Spraševalec: Tako je.

Amma: Koliko časa?

Spraševalec: (smejé) Amma, stisnila si me v kot. Televizijo gledam, dokler ne grem v posteljo. Rad bi Ti še nekaj priznal ... Ne, pozabi.

Amma: (ga potreplja po hrbtu) Daj, nadaljuj in dokončaj, kar si nameraval reči.

Spraševalec: Preveč mi je nerodno, da bi povedal.

Amma: Dobro, pa nič.

Spraševalec: (čez nekaj trenutkov) Tega nima smisla skrivati pred Tabo. Vsekakor verjamem, da to že veš. Zakaj bi sicer ustvarila takšno situacijo? Jojmene, to je takšna *lila* (božanska igra) ...

Amma, odpusti mi, toda pozabil sem svojo Guru mantro. Ne najdem niti tistega koščka papirja, na katerem je bila napisana.

Ko je Amma slišala njegove besede, je prasnila v smeh.

Spraševalec: (zbegan) Kaj? Zakaj se smeješ?

Ker je tako sedel z zaskrbljenim izrazom na obrazu, ga je Amma v šali uščipnila za uho.

Amma: Ti mali lopov! Amma je vedela, da Ji skušaš nekaj prikriti. Poglej, sin moj, Bog je Tisti, ki daje vse. Amma razume tvojo iskrenost in vedoželjnost, toda imeti moraš več *šrade* (ljubeče vere in pozornosti) ter zaveze in pripravljen moraš biti trdo delati zato, da bi dosegel Cilj, da bi dosegel Samouresničitev.

Mantra je most, ki te povezuje s tvojim Gurujem – končno z neskončnim. Ponavljanje Guru mantre je za pravega učenca kot hrana. Pokaži svoje spoštovanje mantri in držo čaščenja do svojega Guruja z rednim vsakodnevnim ponavljanjem mantre. Dokler se temu ne zavežeš, ne bo prišlo do Samouresničitve. Duhovnost ne bi smela biti zaposlitev s polovičnim delovnim časom. Biti mora zaposlitev s polnim delovnim časom. Amma ne zahteva, da se odpoveš svoji službi ali da bi manj delal. Svojo službo in služenje denarja smatraš kot resno zadevo, mar ne? Podobno je tudi Božja uresničitev resna stvar. Tako kot hrana in spanje, bi morale tudi duhovne vaje postati sestavni del tvojega življenja.

Spraševalec: (vljudno) Amma, sprejmem tvoj odgovor. To si bom zapomnil in skušal narediti natanko tako, kot si me poučila. Blagoslovi me, prosim.

Nekaj časa je bil tiho. Zdelo se je, da premišljuje.

Amma: Sin … Že dvakrat si bil poročen, mar ne?

Spraševalec: (osupel) Kako veš?

Amma: Sin, teh problemov Ammi ne omenjaš prvič.

Spraševalec: Kakšen spomin!

Amma: Zakaj misliš, da bo naslednji zakon uspešen?

Spraševalec: Ne vem.

Amma: Ne veš? Ali si negotov?

Spraševalec: Negotov sem.

Amma: Celó v tej negotovosti še vedno razmišljaš o novi poroki?

Močno zbegan in hkrati vesel je možakar skoraj padel od smeha. Nato se je zravnal in z združenimi dlanmi rekel: »*Amma, Ti si neustavljiva in nepremagljiva. Klanjam se Ti.*«
   Amma je z blagim nasmeškom igrivo potrkala po njegovi plešasti glavi, ki jo je močno pobesil.

Brezpogojna Ljubezen in Sočutje

Spraševalec: Amma, kakšna je Tvoja definicija brezpogojne ljubezni in sočutja?

Amma: To je povsem nedefinirano stanje.

Spraševalec: Kaj pa je potem to?

Amma: To je razsežnost, kot je razsežno nebo.

Spraševalec: Je to notranje nebo?

Amma: Ni ne znotraj ne zunaj.

Spraševalec: Kaj pa potem?

Amma: To je samo enost. Zato ne more biti definirano.

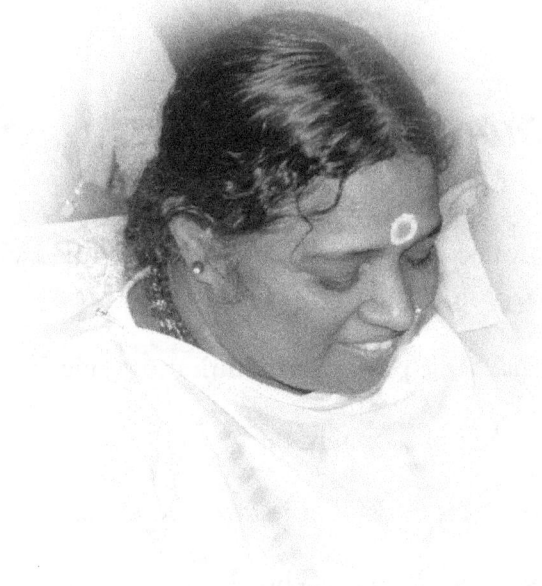

Najlažja pot

Spraševalec: Amma, toliko je poti, katera je najlažja?

Amma: Najlažja pot je biti ob *Satguruju* (Uresničenem Mojstru). Biti s Satgurujem je kot bi potovali z nadzvočnim reaktivnim letalom. Satguru je najhitrejše vozilo, ki te pripelje na Cilj. Če slediš katerikoli poti brez pomoči Satguruja, je to kot potovanje z lokalnim avtobusom, ki bo imel sto postaj. To bo zavleklo ves proces.

Razsvetljenje, predanost
in življenje v sedanjosti

Spraševalka: Ali je nemogoče, da bi prišlo do razsvetljenja brez predanosti, ne glede na to, kako intenzivna je lahko človekova *sadhana* (duhovne vaje)?

Amma: Povej Ammi, kaj misliš z intenzivno *sadhano*? Delati intenzivno sadhano pomeni, da jo izvajaš z iskrenostjo in ljubeznijo. Za to pa moraš biti prisotna v sedanjem trenutku. Da bi bila v sedanjosti, moraš opustiti preteklost in prihodnost.

Bodisi da to imenuješ predanost, sedanji trenutek, tukaj in zdaj, življenje iz trenutka v trenutek ali s kakšnim drugim izrazom, vse to je eno in isto. Izrazi so lahko različni, toda tisto, kar se zgodi znotraj, je vse isto. Katerokoli obliko duhovne vaje izvajamo, jo opravljamo zato, da nam pomaga naučiti se veliko lekcijo opuščanja. Prava meditacija ni delovanje; je intenzivno hrepenenje srca po tem, da bi bilo eno z notranjim Jazom ali Bogom. Globlje kot gremo v tem procesu, manj ega imamo in počutimo se lažji. Torej, vidiš, pravi namen sadhane je postopno odstranjevanje občutka »jaz« in »moje«. Ta proces opisujejo na različne načine, uporabljajo različne izraze in to je vse.

Spraševalka: Vsi materialni dosežki in uspeh v svetu so v glavnem odvisni od tega, koliko si agresiven in sposoben. Če nenehno ne ostriš svojega uma in razuma, ne moreš zmagati. Malce nespameti te potisne v zadnjo vrsto in znajdeš se na stranskem tiru. Zdi se, da obstaja velika razlika med principi duhovnega in posvetnega življenja.

Amma: Hčerka, pravilno si rekla, samo *zdijo* se drugačni.

Spraševalka: Kako?

Amma: Zato, ker ne glede na to, kdo so ali kaj počnejo, večina ljudi živi v sedanjosti, vendar ne povsem. Ko se z nečem ukvarjajo ali na kaj mislijo, so predani tistemu trenutku. Sicer se stvari ne bi zgodile. Poglej, na primer, tesarja. Če njegov um med uporabo orodja ne bi bil osredotočen v sedanjosti, bi se lahko resno poškodoval. Torej ljudje živijo v sedanjosti. Edina razlika je, da ima večina ljudi malo ali nič zavedanja in zato so le delno prisotni ali pa sploh ne. Duhovna znanost nas uči, da moramo biti popolnoma v sedanjem trenutku, ne glede na čas in prostor. Ljudje so bodisi v umu ali razumu – nikoli pa v srcu.

Spraševalka: Toda, mar ne bi moral človek preseči svoj ego, da bi bil popolnoma prisoten?

Amma: Da, toda preseganje ega ne pomeni, da postaneš brezdelen ali nekoristen. Nasprotno, greš onkraj vseh slabosti. Postaneš povsem preobražen in tvoje notranje sposobnosti se bodo v polnosti izrazile. Kot popolno človeško bitje boš pripravljen služiti svetu in ne boš več videl nikakršnih razlik.

Spraševalka: Torej, Amma, kar praviš je, da v bistvu ni nobene razlike med predanostjo in življenjem v sedanjosti?

Amma: Da, to je eno in isto.

Džapa mala in prenosni telefon

Ko je Amma v spremstvu Svojih "otrok" hodila proti dvorani, v kateri naj bi potekal program, je opazila enega od bramačarjev, kako je stopil na stran, da bi odgovoril na telefonski klic, ki ga je pravkar prejel.

Ko je bramačarja končal svoj pogovor in se zopet pridružil skupini, je Amma pripomnila: »Pri opravljanju različnih odgovornosti, kot je organiziranje Amminih programov po vsej deželi in za stik z lokalnimi koordinatorji, je v redu, če ima duhovni iskalec prenosni telefon. Toda, medtem ko v eni roki držite prenosni telefon, držíte v drugi *džapa malo* (rožni venec), ki vas bo spomnila, da ne pozabite ponavljati svoje mantre. Prenosni telefon je nujno potreben za stik s svetom. Uporabljajte ga, če je potrebno. Toda nikoli ne izgubite stika z Bogom. To je vaša življenjska sila.

Živa Upanišada

Spraševalec: Kako lahko opišeš *Satguruja* (pravega Mojstra)?

Amma: Satguru je živa *Upanišada* (utelešenje najvišje resnice, kot je opisana v *Upanišadah*).

Spraševalec: Katera je Mojstrova glavna naloga?

Amma: Njegov ali njen edini namen je navdihniti učence ter vanje vliti vero in ljubezen, ki sta zanje nujno potrebni, da bi dosegli Cilj. Ustvarjanje ognja raziskovanja notranjega Jaza ali ljubezni po Bogu v učencu je prva in glavna naloga Mojstra. Ko je ta ogenj prižgan, je Mojstrovo naslednje delo ohranjati plamen ter ga varovati pred nevihtnimi nočmi in hudimi nalivi nepotrebnih skušnjav. Mojster bo vodil učenca tako kot kokoš varuje piščančke

134

pod svojimi krili. Postopoma se bo učenec z opazovanjem Mojstra in dobivanjem navdiha iz njegovega ali njenega življenja naučil zahtevnejših lekcij predanosti in nenavezanosti. To bo sčasoma doseglo višek v popolni predanosti in transcendenci.

Spraševalec: Kaj učenec preseže?

Amma: Svojo nižjo naravo ali *vasane* (nagnjenja).

Spraševalec: Amma, kako bi lahko opisala ego?

Amma: Kot prav neznaten pojav – toda poguben, če nisi previden.

Spraševalec: Toda, ali ni zelo koristno in mogočno orodje, medtem ko živimo v svetu?

Amma: Da, če se naučiš, kako ga pravilno uporabljati.

Spraševalec: Kaj misliš s »pravilno«?

Amma: Amma misli, da bi moral človek skozi razlikovanje uriti pravilen nadzor nad njim.

Spraševalec: *Sadhaki* (duhovni iskalci) prav to počnejo kot del svojega duhovnega urjenja, mar ne?

Amma: Da, toda sadhak postopoma dobi oblast nad egom.

Spraševalec: Mar to pomeni, da ni nobene potrebe po tem, da bi presegli ego?

Amma: Dobiti oblast in preseči je ista stvar. V resnici ni ničesar, kar bi morali preseči. Prav tako kot je ego konec koncev neresničen, je neresnično tudi preseganje. Edino Atman (notranji Jaz) je resničen. Ostalo pa so le sence ali kot oblaki, ki zakrivajo sonce. Ni resnično.

Spraševalec: Toda sence nam nudijo senco. Ne moremo reči, da so neresnične, mar ne?

Amma: Res je. Ne moremo reči, da je senca neresnična. Ima svoj namen. Nudi nam senco. Toda ne pozabi na drevo, ki je izvor sence. Senca ne more obstajati brez drevesa, drevo pa obstaja, četudi brez sence. Zato senca ni niti resnična niti neresnična. To je tisto, kar se imenuje *maja* (iluzija). Um ali ego ni niti resničen niti neresničen. Ne glede na to pa obstoj Atmana ni na nikakršen način odvisen od ega.

Na primer, nek mož in njegov sin hodita po vročem soncu. Da bi se zaščitil pred vročino, hodi deček za svojim očetom in očetova senca mu služi za senco. Sin, prav imaš, ne moremo reči, da je senca neresnična; kljub temu pa ni resnična. Vseeno pa ima svoj namen. Podobno, čeprav tudi ego ni niti resničen niti neresničen, ima svojo funkcijo – to je, da nas spominja na najvišjo resničnost, na Atmana, ki služi kot podlaga ega.

Enako kot senca, niti svet niti ego ne moreta obstajati brez Atmana. Atman nudi podporo in vzdržuje celoten obstoj.

Spraševalec: Amma, vrniva se k témi preseganja – rekla si, da tako, kot je ego neresničen, je tudi preseganje ega neresnično. Če je tako, kaj pa proces Samorazvoja ali Samouresničitve?

Amma: Prav tako, kot je neresničen ego, se tudi proces preseganja ega pojavi le navidezno. Celó izraz »Samorazvoj« je napačen, kajti notranjemu Jazu se ni treba razvijati. Tistemu, ki v vseh treh časih vselej ostaja takšen kot je, se ni potrebno podvreči nikakršnemu takšnemu procesu.

Sčasoma te vse razlage privedejo do spoznanja, da so vsa pojasnila nesmiselna. Nazadnje boš spoznal, da ne obstaja ničesar drugega kot Atman in da procesa pravzaprav ni. Na primer, sredi nekega temnega gozda se nahaja čudovit vrelec ambrozijske vode. Ko jo nekega dne odkriješ, jo piješ in dosežeš nesmrtnost. Vrelec je bil ves čas tam, vendar tega nisi vedel. Nenadoma se ga zaveš, zaveš se, da obstaja. Enako je z notranjim izvorom čiste *šakti* (energije). Ker tvoje iskanje in hrepenenje, da bi spoznal svoj notranji Jaz raste, pride do razodetja in tedaj prideš v stik s tem izvorom. Ko je povezava vzpostavljena, se zgodi tudi uresničitev, ki je nisi nikoli prekinil.

Na primer, vesolje v svojem naročju skriva ogromno bogastvo. V njem so dragoceni kamni, čarobni napoji, zdravila za vse bolezni, dragocene informacije o zgodovini človeštva, postopki, kako razvozlati skrivnost vesolja in tako naprej. Kar lahko znanstveniki preteklosti, sedanjosti in prihodnosti odkrijejo, je le neskončno majhen del tistega, kar vesolje dejansko nosi v sebi. Nič ni novega. Vsi izumi niso nič drugega kot proces odstranjevanja ovitka. Prav tako ostaja najvišja resnica globoko znotraj nas, četudi prikrita. Ta proces razkrivanja je poznan kot *sadhana* (duhovne vaje).

Torej z vidika posameznika obstaja proces Samorazvoja in prav tako preseganje.

Spraševalec: Amma, kako lahko razložiš preseganje v različnih vsakdanjih življenjskih situacijah?

Amma: Preseganje se dogodi šele, ko dosežemo dovolj zrelosti in razumevanja. To pa pride skozi duhovno urjenje in soočanje z različnimi življenjskimi izkušnjami in situacijami s pozitivno držo in z določeno stopnjo odprtosti. Pomaga nam opustiti naše napačne predstave in preiti onkraj. Če postaneš malce bolj pozoren, boš spoznal, da je to opuščanje in prehajanje onkraj malenkosti, nepomembnih želja in navezanosti v našem vsakodnevnem življenju, običajna izkušnja.

Otrok se zmeraj rad igra s svojimi igračami - recimo, s svojim plišastim šimpanzom. Svojega plišastega šimpanza ima tako rad, da ga neprestano nosi s seboj naokrog. Ko se igra z njim, včasih celó pozabi jesti. In če mu ga mati poskuša vzeti, postane tako vznemirjen, da začne jokati. Deček celó zaspi tako, da ga tesno objema. Šele takrat mu ga mati lahko vzame.

Toda nekega dne vidi mati vse igrače, vključno s tem šimpanzom, ki ga je imel deček najraje, ležati v kotu njegove sobe. Deček jih je nenadoma prerasel; presegel je igrače. Tedaj ga lahko celó vidiš, kako se smeje in gleda drugega otroka, kako se igra z igračami. Najbrž si misli: »Poglej tega otroka, kako se igra z igračami.« Pozabil je celó na to, da je bil tudi sam enkrat otrok.

V primeru tega otroka, on ali ona opusti igrače in se oprime nečesa bolj naprednega, morda tricikla. In kmalu tudi tega preseže in sede na kolo. In potem si nazadnje morda zaželi motor, avto in tako dalje. Sadhak pa mora razviti moč in razumevanje, da bo presegel vse, kar pride na njegovo ali njeno pot in se oprijeti le Najvišjega.

138

Maja

Spraševalec: Amma, kaj je *maja*? Kako jo razlagaš?

Amma: Um je maja. Nesposobnost uma razumeti svet kot začasen in spreminjajoč, je znana kot maja.

Spraševalec: Pravijo, da je tudi ta objektivni svet maja.

Amma: Da, ker je projekcija uma. Kar nam preprečuje videti to resničnost, je maja.

Lev iz sandalovine je za otroka resničen, za odraslega pa je le kos lesa. Za otroka je les skrit, razkriva se mu le lev. Tudi starši lahko uživajo v tem, da ga imajo za leva, vendar vedo, da to ni pravi lev. Zanje je resničen les in ne lev. Na enak način ni za Samouresničeno dušo celotno vesolje nič drugega kot esenca, »les«, ki vsebuje vse, absolutni Brahman ali zavest.

Ateisti

Spraševalka: Amma, kakšno je Tvoje mnenje o ateistih?

Amma: Ni pomembno, če človek verjame v Boga ali ne, dokler primerno služi družbi.

Spraševalka: V resnici Ti ni mar, kajne?

Amma: Ammi je mar za vsakogar.

Spraševalka: Toda, ali misliš, da so njihovi pogledi pravilni?

Amma: Kaj je važno, kaj misli Amma, dokler še vedno verjamejo v svoja stališča?

Spraševalka: Amma, izmikaš se odgovoru na moje vprašanje.

Amma: In ti, hčerka, preganjaš Ammo, da bi dobila tak odgovor, kot ga želiš.

Spraševalka: (smejé) Prav, Amma, želim vedeti, če je ateizem le intelektualna gimnastika ali pa je kaj smisla v tistem, kar pravijo.

Amma: Smisel in nesmisel sta odvisna od človekovega stališča. Ateisti trdno verjamejo, da ne obstaja nikakršna vrhovna moč ali Bog. Vendar pa nekateri tako samo govorijo za javnost, medtem ko so navznoter verniki.

V takšni intelektualni gimnastiki ni nič posebnega. Močno intelektualna oseba lahko obstoj Boga navidezno dokaže ali ovrže.

Ateizem temelji na logiki. Kako lahko intelektualna gimnastika dokaže ali ovrže Boga, ki je onkraj razuma?

Spraševalka: Torej, Amma, praviš, da so njihovi pogledi o Bogu napačni, mar ne?

Amma: Bodisi njihovi ali od koga drugega pogledi o Bogu so zagotovo netočni, saj na Boga ne moremo gledati z določenega zornega kota. Bog se bo pojavil šele, ko bodo vsi pogledi izginili. Intelektualno logiko je mogoče uporabljati pri dokazovanju ali izpodbijanju nečesa. Toda to ni nujno vedno resnično. Recimo: »A nima ničesar v svojih rokah. Tudi B nima ničesar v svojih rokah. Tudi v C-jevih rokah ne vidim ničesar. Torej nima nihče ničesar v svojih rokah.« To je logično in zveni pravilno, toda, ali je res tako? Intelektualni zaključki so podobni.

Sodobni ateisti zapravijo veliko svojega časa, ko skušajo dokazati neobstoj Boga. Če trdno verjamejo v svoje prepričanje, zakaj so potem tako zaskrbljeni? Namesto ukvarjanja z intelektualnim dokazovanjem, ki je pogubno, bi morali početi kaj koristnega za družbo.

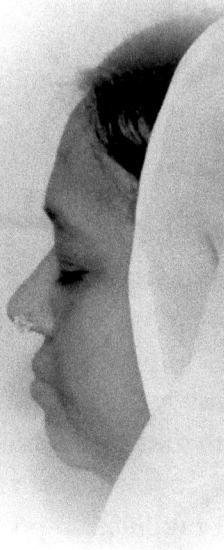

Mir

Spraševalka: Kaj je mir z Amminimi besedami?

Amma: Ali sprašuješ o notranjem ali zunanjem miru?

Spraševalka: Rada bi vedela, kaj je pravi mir.

Amma: Hčerka, najprej ti povej Ammi, kakšna je tvoja verzija pravega miru.

Spraševalka: Mislim, da je mir sreča.

Amma: Kaj pa je prava sreča? Je to nekaj, kar dobiš, ko so izpolnjene tvoje želje ali si jo kako drugače razlagaš?

Spraševalka: *Hmm...* To je razpoloženje, ki pride, ko so želje izpolnjene, mar ne?

Amma: Toda takšno srečno razpoloženje bo kmalu izginilo. Srečna si, ko se ti izpolni določena želja. Vendar jo bo zelo kmalu nadomestila druga želja in spet ji boš sledila. Temu procesu ni konca, mar ne?

Spraševalka: Res je. Torej, je občutek sreče znotraj prave sreče?

Amma: Dobro, toda kako čutiš srečo znotraj?

Spraševalka: (smejé) Skušaš me stisniti v kot.

Amma: Ne, približujeva se odgovoru, ki ga potrebuješ. Daj no, hčerka, kako je mogoče čutiti srečo znotraj, če um ni miren? Ali misliš, da sta občutek miru in pomirjenja, ki se pojavita, medtem ko ješ čokolado ali sladoled, pravi mir?

Spraševalka: (smejé) Oh, ne, dražiš me.

Amma: Ne, hčerka. Amma je resna.

Spraševalka: (zamišljeno) To ni niti mir niti sreča. To je le neka vrsta vzdraženosti ali omame.

Amma: Ali ostane ta vrsta omame dolgo s teboj?

Spraševalka: Ne, pride in gre.

Amma: Sedaj pa povej Ammi, ali lahko pravimo občutku, ki pride in gre, da je resničen ali trajen?

Spraševalka: Ne ravno.

Amma: Kako pa mu potem rečemo?

Spraševalka: Tisto, kar pride in gre, je navadno znano kot »začasno« ali »minljivo«.

Amma: Tako, kot si rekla. Naj te Amma vpraša tole: Ali so bili v tvojem življenju kakšni trenutki, ko si izkusila mir brez kakšnega posebnega razloga?

Spraševalka: (po nekaj trenutkih premišljevanja) Da, nekoč sem sedela na dvorišču naše hiše in opazovala sončni zahod. To je napolnilo moje srce z neznano radostjo. V tem čudovitem trenutku sem preprosto spolzela v stanje brez misli in v sebi začutila toliko miru in radosti. Ta trenutek me je tako prevzel, da sem celó napisala pesem, ki opisuje to izkušnjo.

Amma: Hčerka, to je odgovor na tvoje vprašanje. Mir doživimo takrat, ko je um miren, z le malo misli. Manj misli pomeni več miru in več misli pomeni manj miru. Mir ali sreča brez razloga sta pravi mir in sreča.

Mir in sreča sta sopomenki. Bolj ko si odprt, več miru ali sreče čutiš in obratno. Dokler do precejšnje stopnje ne obvladamo uma, je pravi mir težko doseči.

Najti mir v sebi je prava pot k temu, da najdemo mir zunaj. Notranje in zunanje prizadevanje bi morala iti z roko v roki.

Spraševalka: Amma, kako lahko opišeš mir z duhovnega vidika?

Amma: Med duhovnim in posvetnim mirom ni nobene razlike. Tako kot je ljubezen ena, je tudi mir eden. Da, razlika je v stopnji. To je odvisno od tega, kako globoko vase lahko greš. Um smatraj kot jezero; misli pa so valovčki na tem jezeru. Vsaka misel ali trenutek vznemirjenosti je kot bi v to jezero vrgli kamen, kar ustvari nešteto valovčkov. Meditativni um bo postal kot lotosov cvet, ki plava na tem jezeru. Miselni valovčki bodo še zmeraj obstajali, lotos pa bo ostal nedotaknjen. Ta bo le plaval. »Pusti me pri miru! Mir hočem!« To so običajne besede, ki jih slišimo – včasih sredi prepira ali ko je kdo do grla sit drugega človeka ali situacije. Toda, ali je to mogoče? Četudi pustimo tega človeka samega, ne bo izkusil nobenega miru niti ne bo mogel biti nikoli zares sam. Sedel bo za zaprtimi vrati svoje sobe in tuhtal o vsem, kar se je zgodilo, v njem pa bo še naprej vrelo. Še vedno bo v svetu motečih misli. Pravi mir je globok občutek, v katerega se pogrezne srce, ko smo osvobojeni misli iz preteklosti.

Mir ni nasprotje vznemirjenosti. Je odsotnost vznemirjenosti. To je popolnoma sproščeno in spokojno stanje.

Največja lekcija v življenju

Spraševalec: Katera je največja lekcija, ki se je mora človek naučiti v življenju?

Amma: Na svet bodi navezan z nenavezano držo.

Spraševalec: Kako gresta lahko navezanost in nenavezanost skupaj?

Amma: Naveži se in odveži, ko želiš – deluj, potem izpusti in pojdi dalje … zopet deluj, potem izpusti in pojdi naprej. Dodatna prtljaga ti bo otežila potovanje, je tako? Enako bo tudi dodatna prtljaga nerazsodnih sanj, želja in navezanosti napravila tvoje življenjsko popotovanje skrajno nesrečno.

Celó veliki cesarji, diktatorji in vladarji so na koncu svojega življenja strašno trpeli zaradi prenašanja takšne dodatne prtljage v življenju. Nič drugega, kot samo umetnost nenavezanosti ti bo tačás pomagala biti v spokojnem stanju uma.

Aleksander je bil velik bojevnik in vladar, ki je zavzel skoraj tretjino sveta. Želel je postati cesar vsega sveta, vendar je bil v neki bitki premagan in je na smrt zbolel. Nekaj dni pred svojo smrtjo je Aleksander poklical svoje ministre in jim naročil, kako želi biti pokopan. Rekel jim je, da želi na obeh straneh svoje krste odprtini, skozi kateri naj molijo njegove roke z dlanmi obrnjenimi navzgor. Ministri so ga vprašali, zakaj si to želi. Aleksander je odgovoril, da bodo tako vsi spoznali, da je veliki Aleksander, ki si je vse svoje življenje prizadeval osvojiti in podjarmiti svet, zapustil ta svet povsem praznih rok. Niti svojega lastnega telesa ni mogel vzeti s seboj. Tako bodo lahko razumeli, kako jalovo je vse svoje življenje zapraviti s tekanjem za svetom in njegovimi predmeti.

Nazadnje na koncu ne moremo ničesar vzeti s seboj, niti svojega lastnega telesa. Torej, kakšna je korist prevelike navezanosti?

Umetnost in glasba

Spraševalec: Amma, kot umetnik, glasbenik, bi rad vedel, kakšno bi moralo biti moje stališče do mojega poklica in kako naj izražam vedno več svojega glasbenega talenta?

Amma: Umetnost je Božja lepota, izražena v obliki glasbe, slikarstva, plesa in tako naprej. To je eden od najlažjih načinov uresničenja svoje prirojene božanskosti. Mnogo je svetnikov, ki so našli Boga skozi glasbo. Torej si še posebej blagoslovljen, ker si glasbenik. Kar se tiče tvojega stališča do tvojega poklica, bodi začetnik, otrok pred Bogom, pred božanskim. To ti bo omogočilo priključiti se na neskončne zmožnosti tvojega uma. To pa ti bo v zameno pomagalo izraziti vedno več tvojega glasbenega talenta na precej globlji način.

Spraševalec: Toda, Amma, kako naj bom otrok, začetnik?

Amma: Le s sprejemanjem in prepoznavanjem svoje nevednosti boš samodejno postal začetnik.

Spraševalec: To razumem, vendar nisem povsem neveden. Sem izučen glasbenik.

Amma: Koliko šolanja imaš za seboj?

Spraševalec: Glasbo sem študiral šest let in zadnjih 14 let nastopam kot umetnik.

Amma: Kolikšno je vesolje?

Spraševalec: (zveneč malce zbegano) Ne razumem Tvojega vprašanja.

Amma: (smejé) Vprašanja ne razumeš, ker ne razumeš vesolja, mar ne?

Spraševalec: (skomizgne z rameni) Morda.

Amma: Morda?

Spraševalec: Toda kakšna je povezava med mojim in Tvojim vprašanjem: »Kolikšno je vesolje?«

Amma: Obstaja povezava. Čista glasba je tolikšna kot vesolje. Je Bog. Je čisto znanje. Je skrivnost, ki omogoča čistemu zvoku vesolja teči skozte. Glasbe se ne moreš naučiti v dvajsetih letih. Lahko da že 20 let poješ, toda, da bi glasbo resnično razumel, pomeni, da je glasbo potrebno spoznati, tako kot svoj lastni notranji Jaz. Da bi spoznal glasbo kot svoj notranji Jaz, pa moraš glasbi omogočiti, da te povsem prevzame. Da bi glasba še bolj prevzela tvoje srce, moraš v sebi ustvariti še več prostora. Več misli pomeni manj prostora. Zdaj premišljuj o tem: »Koliko prostora je v meni, ki ga lahko namenim za čisto glasbo?«

Če resnično želiš vse bolj izražati svoj glasbeni talent, zmanjšaj količino nepotrebnih misli in omogoči več prostora energiji glasbe, da bo tekla znotraj tebe.

Izvir ljubezni

Spraševalec: Amma, kako naj se človek nauči imeti čisto, nedolžno ljubezen, kot praviš?

Amma: Naučiš se lahko le tistega, kar ti je tuje. Ljubezen pa je tvoja prava narava. Izvir ljubezni je v tebi. Priključi se na ta izvir na pravi način in tvoje srce bo napolnila *šakti* (energija) božanske ljubezni ter se neskončno razširila v tebi. Ne moreš *povzročiti*, da bi se to zgodilo; da se bo to zgodilo, je edino, kar lahko storiš to, da v sebi ustvariš pravo naravnanost.

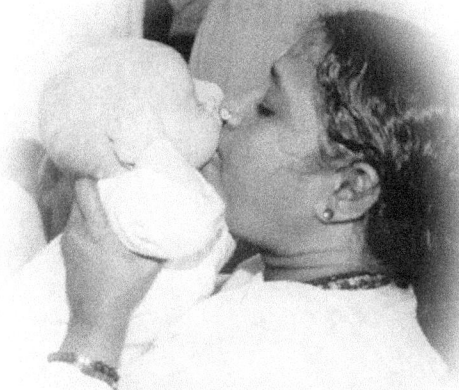

Zakaj objemaš?

Spraševalec: Amma, vsakogar objameš. Kdo pa objame Tebe?

Amma: Celotno stvarstvo objema Ammo. V resnici sta Amma in stvarstvo v večnem objemu.

Spraševalec: Amma, zakaj objemaš ljudi?

Amma: To vprašanje je takšno, kot bi vprašal reko: »Zakaj tečeš?«

Vsak trenutek dragocena lekcija

Nadaljeval se je jutranji *daršan*. Amma je pravkar prenehala odgovarjati na vprašanja Svojih otrok – bila je dolga vrsta. Z globokim vzdihom sem si ravno nameraval vzeti odmor, ko je k meni nenadoma pristopil častilec in mi izročil svoje sporočilo. Bilo je še eno vprašanje. Če sem zelo odkrit, sem bil malce vznejevoljen. Vseeno sem od njega vzel sporočilo in ga vprašal: »Ali lahko počakate do jutri? Za to jutro smo končali.«

Rekel je: »Pomembno je. Zakaj ne vprašate zdaj?« Mislil sem ali si morda domišljal, da sitnari.

»Vam moram to razložiti?« sem ostro odgovoril.

Ni odnehal. »Ni vam treba, toda, zakaj ne morete vprašati Amme? Morda je Amma pripravljena odgovoriti na moje vprašanje.«

V tem hipu sem ga samo ignoriral in gledal drugam. Amma je dajala daršan. Najina debata je potekala za stolom za daršan. Oba sva govorila tiho, a nepopustljivo.

Nenadoma se je Amma obrnila k meni in me vprašala:»Ali si utrujen? Si zaspan? Si jedel?« Bil sem osupel in istočasno osramočen, saj je slišala najin pogovor. V resnici sem bil neumen. Moral bi vedeti. Čeprav je Amma dajala daršan in sva govorila tiho, Njene oči, ušesa in vse Njeno telo vse vidi, sliši in čuti.

Amma je nadaljevala:»Če si utrujen, si vzemi odmor, toda najprej vzemi vprašanje tega sina. Nauči se biti uvideven. Ne bodi obseden s tistim, kar meniš, da je prav.«

Opravičil sem se mu in vzel njegovo vprašanje. Amma se je ljubeče lotila njegovega problema in možakar je zadovoljen odšel. Seveda, tako kot je rekel, vprašanje je bilo pomembno.

Ko je odšel, je Amma rekla:»Poglej, sin moj, ko nekomu nasprotuješ, si v zmoti in verjetneje ima on prav. Jasen pogled na situacijo ima tisti ali tista, ki je v boljšem stanju uma. Nasprotovanje te napravi slepega. Tvoje nagnjenje k nasprotovanju ti ne pomaga videti drugih ali preučiti njihovih čustev.

»Preden se odzoveš na določeno situacijo, ali lahko počakaš in drugemu človeku rečeš: ,Daj mi nekaj časa preden ti odgovorim. Naj premislim o tem, kar si rekel. Morda imaš prav in sem jaz v zmoti'? Če si dovolj pogumen, da to rečeš, vsaj upoštevaš sogovornikova čustva. To bo preprečilo mnogo neprijetnih dogodkov, ki bi se lahko pojavili pozneje.

Tako sem bil priča še eni neprecenljivi lekciji Velikega Mojstra. Čutil sem se ponižnega.

Razumeti Razsvetljeno Bitje

Spraševalec: Ali je z našim umom mogoče razumeti Mahatmo?

Amma: Predvsem se Mahatme ne da razumeti. Njega ali Njo je mogoče samo izkusiti. S svojo spreminjajočo in dvomečo naravo um ne more izkusiti ničesar takšnega kot je to, četudi je to materialni predmet. Na primer, ko želiš resnično izkusiti cvetlico, se um ustavi in prične delovati nekaj onkraj uma.

Spraševalec: Amma, rekla si:»Um se ustavi in prične delovati nekaj onkraj uma.« Kaj je to?

Amma: To lahko imenuješ srce, toda dejansko je to stanje začasne globoke tišine – tišina uma, ustavitev pretoka misli.

Spraševalec: Amma, ko praviš»um«, kaj misliš s tem? Ali to pomenijo le misli, ali še kaj več?

Amma: Um vključuje spomin, to je skladišče preteklosti, razmišljanje, dvom, odločanje in občutek»jaz«-a.

Spraševalec: Kaj pa vsa čustva?

Amma: Tudi ta so del uma.

Spraševalec: Dobro, torej, ko praviš:»Um ne more razumeti Mahatme,« mar s tem misliš, da ta zapleten mehanizem ne more spoznati stanja, v katerem je nastanjen Mahatma?

Amma: Da. Človeški um je tako nepredvidljiv in pretkan. Najpomembnejše za iskalca Resnice je spoznanje, da *Satguruja* (pravega Mojstra) ne more prepoznati. Za to ni nikakršnih meril. Pijanec lahko prepozna pijanca. Prav tako bosta drug drugega razumela kockarja. Skopuh lahko prepozna skopuha. Vsi so istega mentalnega kalibra. Toda za prepoznanje Satguruja ni uporabno nobeno takšno merilo. Velikega bitja ne morejo uzreti niti naše zunanje oči niti naš um. Za to je potrebno posebno urjenje. To je *sadhana* (duhovna praksa). Samo vztrajna sadhana nam bo pomagala pridobiti moč prodora pod površje uma. Ko prodreš pod površje uma, se soočiš z neštetimi plastmi čustev in misli. Da bi prešel skozi ter onkraj vseh teh težavnih, grobih in subtilnih ravni uma, potrebuje *sadhak* (duhovni aspirant) nenehno vodstvo Satguruja. Vstop v globlje ravni uma, prehod skozi različne plasti in uspešna vrnitev iz njih, so znani kot *tapas* (stroga disciplina). To je vključno s končno transcendenco mogoče le z brezpogojno milostjo Satguruja.

Um ima vselej pričakovanja. Že sam obstoj uma je v pričakovanju. Mahatma pa ne izpolnjuje pričakovanj in želja uma. Da bi izkusili čisto zavest Mojstra, mora ta narava uma izginiti.

Amma - neizčrpna Energija

Spraševalec: Amma, ali si sploh kdaj zaželiš prenehati delati to, kar počneš?

Amma: To, kar počne Amma, ni delo. To je čaščenje. Je le čista ljubezen v čaščenju. Zato, to ni delo. Amma Svoje otroke časti kot Boga. Otroci, vi vsi ste Ammin Bog. Ljubezen ni zapletena. Je preprosta, spontana in resnično naša osnovna narava. Zato, to ni delo. Kar se tiče Amme, je ta način osebnega objemanja Njenih otrok najpreprostejši način izražanja Njene ljubezni do njih in do vsega stvarstva. Delo je utrujajoče in troši tvojo energijo; medtem ko ljubezen nikoli ne more biti utrujajoča ali dolgočasna. Nasprotno, srce se ti polni z vse več energije. Čista ljubezen povzroči, da se počutiš tako lahek kot roža. Ne čutiš nikakršne teže ali bremena. Ego ustvari breme.

Sonce nikoli ne preneha sijati; tudi veter neprestano piha v neskončnost; in reka nikoli ne preneha teči, rekoč:»Kar je dovolj, je dovolj! Isto delo opravljam že na veke vekov; zdaj je čas za spremembo.« Ne, nikoli ne prenehajo. Nadaljevali bodo, dokler bo obstajal svet, kajti to je njihova narava. Enako tudi Amma ne more prenehati dajati ljubezni Svojim otrokom, saj je nikoli ne dolgočasi ljubiti teh otrok.

Dolgčas se pojavi le, kadar ni ljubezni. Potem hočeš begati, begati z enega mesta na drugo, z ene stvari na drugo. Nasprotno pa se nič ne postara, ko obstaja ljubezen. Vse ostane večno novo in sveže. Za Ammo je sedanji trenutek mnogo pomembnejši kot tisto, kar mora biti opravljeno jutri.

Spraševalec: Ali to pomeni, da boš še v prihodnjih letih dajala *daršan?*

Amma: Dokler se lahko te roke vsaj malo premikajo in dosežejo tiste, ki pridejo k Njej in dokler obstaja vsaj malo moči v energije, da lahko položi Svoje roke na ramo jokajočega človeka in ga poboža ter mu obriše solze, bo Amma še naprej dajala daršan. Ljubeče objemati ljudi, jih tolažiti in brisati njihove solze do konca tega umrljivega telesa, je Ammina želja.

Amma daje daršan že 40 let. Po milosti Paramatmana (Najvišje Duše) Ammi zaradi kakšne fizične bolezni doslej nikoli ni bilo treba odpovedati niti enega samega daršana ali programa. Amme ne skrbi za naslednji trenutek. Ljubezen je v sedanjosti, sreča je v sedanjosti, Bog je v sedanjosti in tudi razsvetljenje je v sedanjosti. Torej, zakaj bi nas po nepotrebnem skrbela prihodnost? Pomembnejše je tisto, kar se dogaja zdaj, kot tisto, kar se bo dogajalo. Če je sedanjost tako čudovita in tako polna, zakaj bi nas skrbela prihodnost? Naj se prihodnost iz sedanjosti razkrije sama.

Najden izgubljeni sin

D r. Jaggu je prebivalec Amminega ašrama v Indiji. Nedavno mu je njegova družina podarila denar, da bi z Ammo odpotoval v Evropo. Ko je bila njegova viza urejena, je bilo že pozno, zato so Amma in Njena skupina že odpotovali iz Indije. Toda vsi smo bili srečni, da se nam bo Jaggu pridružil v Antwerpnu, v Belgiji.

To je bilo Jaggujevo prvo potovanje izven meja Indije. Še nikoli ni potoval z letalom. Torej smo že vnaprej uredili vse potrebno, da bi ga pobrali na letališču. Častilci so z avtomobilom čakali pred letališčem, toda Jagguja ni bilo na spregled. Letališko osebje je potrdilo, da je bil potnik z imenom Jaggu na letu iz letališča London-Heathrow. Rekli so, da je na bruseljskem mednarodnem letališču pristal okrog 4-ih popoldne. Minile so že štiri ure, odkar je letalo pristalo, vendar pa o Dr. Jagguju še vedno ni bilo nobenih informacij.

Lokalni častilci so s pomočjo letaliških delavcev temeljito preiskali vse letališče. Po letališkem sistemu obveščanja so večkrat objavili Jaggujevo ime. Vendar ni bilo nobenega odziva in nikjer nobenega znamenja o Jagguju.

Sčasoma so bili vsi prisiljeni verjeti, da se je Dr. Jaggu nekje izgubil – bodisi na ogromnem letališču ali v mestu Bruselj, v drznem poskusu, da bi nekako prišel na program.

Medtem je Amma mirno sedela sredi skupine, ki jo je spremljala na turneji in blaženo zapela nekaj novih badžanov. Ker so bili zaradi Jaggujevega nepričakovanega izginotja vsi nekoliko zaskrbljeni in napeti, sem sredi petja razkril novice Ammi. Pričakoval sem, da bo izrazila čustven izliv materinske skrbi. Toda na moje presenečenje se je Amma obrnila in preprosto rekla:»Daj, zapoj naslednjo pesem.« Zame je bilo to pozitivno znamenje. Ko sem videl, kako je Amma ostala popolnoma mirna, sem rekel častilcem:»Mislim, da je Jaggu povsem varen, ker je Amma tako mirna. Če bi bil kakšen problem, bi bila zagotovo bolj zaskrbljena.«

Le nekaj minut pozneje se je pojavil Bramačari Dayamrita in naznanil:»Pravkar se je pri glavnih vratih prikazal Jaggu.« Skoraj istočasno je z velikim nasmehom na svojem majhnem obrazu prišel Dr. Jaggu.

Po pustolovski zgodbi, ki jo je povedal Jaggu, se je resnično izgubil. Povedal je:»Ko sem stopil iz letališke stavbe, ni bilo tam nikogar. Nisem vedel, kaj naj storim. Čeprav sem bil malce zaskrbljen, sem imel močno vero, da mi bo Amma poslala nekoga, ki me bo rešil iz povsem neznane situacije. Na srečo sem imel naslov dvorane, kjer bo potekal program. Nek par se me je usmilil in mi pomagal priti sem.«

Amma je rekla:»Amma je zelo dobro vedela, da si v redu in da boš našel pot do sem. Zato je Amma ostala mirna, ko so Ji povedali, da te ni.«

Pozneje sem tistega večera vprašal Ammo, kako je vedela, da je Jaggu na varnem. Rekla je:»Amma je preprosto vedela.«

»Toda kako,« mi radovednost ni dala miru.

Amma je rekla:»Tako kot ti vidiš svojo lastno podobo v ogledalu, je Amma lahko videla, da je na varnem.«

Vprašal sem:»Si videla, kako je Jaggu dobil pomoč, ali Si navdihnila tisti par, da sta mu pomagala?« Amma o tem ni spregovorila ničesar več, čeprav sem še nekajkrat poskusil.

Nasilje

Spraševalec: Amma, ali sta lahko nasilje in vojna kdajkoli sredstvi za dosego miru?

Amma: Vojna ne bo služila kot sredstvo za dosego miru. To je čista resnica, ki nam jo razkriva zgodovina. Dokler preobrazba ne bo prevzela svojega mesta v človekovi zavesti, bo mir še daleč. Šele duhovno razmišljanje in življenje bosta prinesla to preobrazbo. Zato s spuščanjem v vojno ne bomo zmogli nikoli popraviti nobene situacije.

Mir in nasilje sta nasprotji. Nasilje je močna reakcija, ne odgovor. Reakcija sproži še več reakcij. To je preprosta logika. Amma je slišala, da je v Angliji obstajal poseben način kaznovanja tatov. Hudodelca so pripeljali na križišče in ga pred veliko množico golega prebičali. Namen je bil vsemu mestu razglasiti, kako strogo bodo kaznovani, če bodo zagrešili zločin. Toda kmalu so morali ta sistem spremeniti, saj so takšni dogodki ustvarili čudovito priložnost za žeparje. Ti so ta čas izkoristili in kradli iz žepov tistih, ki so se zatopili v prizor. Kaznovanje sámo je postalo gojišče za zločin.

Vprašanje: Ali to pomeni, da sploh ne bi smelo biti nobenega kaznovanja?

Amma: Ne, ne, nikakor ne. Ker večina svetovne populacije ne vé, kako uporabiti svobodo v korist družbe, je določena količina strahu –»Če se ne bom držal zakona, bom kaznovan.« - dobra. Izbira poti nasilja in vojne za vzpostavitev miru in harmonije v družbi pa ne bo imela dolgotrajnega učinka. To pa preprosto zato, ker nasilje v družbenem umu ustvarja globoke rane in čustva prizadetosti, ki se bodo na poznejši stopnji izrazile kot še močnejše nasilje in konflikt.

Vprašanje: Torej kakšna je rešitev?

Amma: Delaj, karkoli moreš, da razširiš svojo individualno zavest. Šele razširjena zavest je sposobna resničnega razumevanja. Edino takšni ljudje bodo sposobni spremeniti stališče družbe. Zato je duhovnost tako pomembna v današnjem svetu.

Problem je nevednost

Spraševalec: Ali je kakšna razlika med problemi ljudi v Indiji in na Zahodu?

Amma: Iz zunanjega vidika so problemi ljudi v Indiji in na Zahodu različni. Temeljni problem, temelj vseh problemov pa je vsepovsod po svetu en in isti. To je nevednost, nevednost o Atmanu (notranjem Jazu), o bistvu naše narave.

Prevelika skrb za fizično varnost in premajhna skrb za duhovno varnost je zaščitni znak današnjega sveta. To stališče bi se moralo spremeniti. Amma ne pravi, da ljudje ne bi smeli skrbeti za svoje telo in fizično življenje. Ne, ne gre za to. Osnovni problem je zmeda glede tega, kaj je trajno in kaj minljivo. Minljivemu, kar je telo, se posveča preveč pozornosti in trajni, ki je Atman, je povsem pozabljen. Ta odnos bi se moral spremeniti.

Spraševalec: Ali vidiš možnosti za spremembo v naši družbi?

Amma: Vedno so možnosti. Pomembno vprašanje pa je, če so se družba in posamezniki voljni spremeniti. V razredu dobijo vsi učenci enako priložnost. Koliko se učenec nauči, pa je odvisno od njegove ali njene dovzetnosti. V dandanašnjem svetu vsakdo želi, da bi se najprej spremenili drugi. Težko je najti ljudi, ki iskreno čutijo, da se morajo spremeniti sami. Namesto razmišljanja, da bi se morali najprej spremeniti drugi, bi si moral vsak posameznik prizadevati spremeniti samega sebe. Dokler se preobrazba ne bo zgodila v notranjem svetu, bodo stvari v zunanjem svetu bolj ali manj enake.

Razlaga ponižnosti

Castilcu, *ki je postavil vprašanje o ponižnosti.*

Amma: Običajno, kadar pravimo: »Ta oseba je tako ponižna,« to preprosto pomeni: »On je podprl moj ego in mi ga pomagal ohraniti nedotaknjenega, neprizadetega. Želel sem, da naredi nekaj zame in to je storil brez vseh ugovorov. Torej je takšna oseba ponižna.« To je to, kar ta trditev resnično pomeni. Toda v trenutku, ko ta »ponižna oseba« odpre usta in nas izprašuje, četudi ima za to dober razlog, se naše mnenje spremeni. Sedaj bomo rekli: »Ni tako ponižen, kot sem mislil.« Oznaka je: »Prizadel je moj ego in zato ni tako ponižen.«

Ali smo nekaj posebnega?

Novinar: Amma, ali misliš, da so ljudje te dežele nekaj posebnega?

Amma: Za Ammo je ves človeški rod, vse stvarstvo, zelo posebno, ker je v vsakomer božanskost. Amma vidi to božanskost tudi v ljudeh tukaj. Zato ste vi vsi nekaj posebnega.

Samopomoč ali samopomoč

Spraševalec: Metode in knjige o samopomoči so postale dokaj priljubljene v Zahodni družbi. Amma, ali nam lahko prosim o tem podeliš Svoje mnenje?

Amma: Vse je odvisno od tega, kako si kdo razlaga samopomoč.

Spraševalec: Kaj misliš s tem?

Amma: Ali gre za Samopomoč ali za samopomoč?

Spraševalec: V čem pa je razlika?

Amma: Resnična Samopomoč pomaga tvojemu srcu vzcveteti; medtem ko je samopomoč krepitev ega.

Spraševalec: Torej, na kaj meriš, Amma?

Amma: »Sprejmi Resnico,« je tisto, kar bi rekla Amma.

Spraševalec: Ne razumem.

Amma: To je tisto, kar počne ego. Ne dovoli ti sprejeti Resnice ali česarkoli na pravi način razumeti.

Spraševalec: Kako naj vidim Resnico?

Amma: Da bi videl Resnico, moraš najprej videti lažno.

Spraševalec: Ali je ego res iluzija?

Amma: Boš sprejel, če Amma tako pravi?

Spraševalec: *Hmm* … če hočeš.

Amma: (smejé) Če *Amma* hoče? Vprašanje je, ali *ti* želiš slišati in sprejeti Resnico.

Spraševalec: Da, želim slišati in sprejeti Resnico.

Amma: Torej, Resnica je Bog.

Spraševalec: To pomeni, da je ego neresničen; kajne?

Amma: Ego je neresničen. To je težava v tebi.

Spraševalec: Torej vsakdo nosi to težavo s seboj, kamorkoli gre?

Amma: Da, ljudje postajajo mobilne težave.

Spraševalec: Kateri je potem naslednji korak?

Amma: Če želiš okrepiti ego, potem si pomagaj postati močnejši. Če želiš Samopomoč, pa poišči Božjo pomoč.

Spraševalec: Mnogo ljudi se boji izgubiti svoj ego. Mislijo, da je osnova za njihov obstoj v svetu.

Amma: Če resnično želiš poiskati Božjo pomoč, da bi odkril svoj Pravi Jaz, potem se ti ni treba bati izgube svojega ega, majhnega jaza.

Spraševalec: Toda z okrepitvijo ega imamo posvetne dosežke, ki so neposredne, takojšnje izkušnje. Nasprotno pa, z izgubo ega, izkušnje niso tako neposredne in takojšnje.

Amma: Zato pa je na poti do Pravega Jaza tako pomembna vera. Kajti, da bi vse delovalo pravilno in obrodilo pravi rezultat, bi moral biti vzpostavljen ustrezen stik in povezani pravi izvori. Pri duhovnosti pa sta stična točka in izvor znotraj. Dotakni se te točke in potem boš imel neposredno in takojšnjo izkušnjo.

Ego je le majhen plamen

Amma: Ego je zelo majhen plamen, ki lahko ugasne v vsakem trenutku.

Spraševalec: Kako opisuješ ego v tem kontekstu?

Amma: Vse, kar si si pridobil – ime, slavo, denar, moč, položaj – ne oskrbuje z gorivom ničesar drugega kot le majhen plamen ega, ki se lahko v vsakem trenutku utrne. Celó telo in um sta del ega. Vse to je v naravi začasno; zato sta tudi ta dva del tega neznatnega plamena.

Spraševalec: Toda Amma, za običajno človeško bitje so to pomembne stvari.

Amma: Seveda so pomembne. Toda to ne pomeni, da so trajne. So nepomembne, ker niso trajne. V vsakem trenutku jih lahko izgubiš. Brez predhodnega opozorila jih bo pohrustal čas. Uporabljati in uživati vse to je v redu, toda smatrati jih kot trajne, je napačna percepcija. Z drugimi besedami, spoznaj, da so minljive in ne bodi preveč ponosen nanje.

Gradnja tvoje notranje povezave s trajnim in nespremenljivim, z Bogom ali notranjim Jazom, je najpomembnejša stvar v življenju. Bog je izvor, resnično središče našega življenja in obstoja. Vse ostalo je obrobje. Resnična Samopomoč se zgodi šele, ko vzpostaviš povezavo z Bogom, s pravim *bindu-jem* (središčem), ne pa z obrobjem.

Spraševalec: Amma, ali kaj pridobimo s pogasitvijo tega majhnega plamena ega? Nasprotno, lahko celó izgubimo svojo identiteto kot posamezniki.

Amma: Seveda, s pogasitvijo majhnega plamena ega boš izgubil svojo identiteto kot majhen, omejen posameznik. Vseeno pa to ni absolutno nič v primerjavi s tem, kar pridobiš iz te navidezne izgube – sonce čistega znanja, neugasljivo luč. Pa tudi, ko izgubiš svojo identiteto kot mali, omejeni jaz, postaneš eno z večjim kot je največji, z vesoljem, brezpogojno zavestjo. In zato, da bi se ta izkušnja lahko zgodila, potrebuješ stalno vodstvo *Satguruja* (pravega Mojstra).

Spraševalec: Izguba moje identitete! Mar ni to strašna izkušnja?

Amma: To je le izguba človekovega malega jaza. Svojega pravega Jaza ne moremo nikoli izgubiti. Strašno je, ker si silno poistoveten s svojim egom. Večji kot je ego, bolj se bojiš in bolj si ranljiv.

Novice

Novinar: Amma, kakšno je Tvoje mnenje o novicah in medijih?

Amma: Zelo dobro, če s poštenostjo in resnicoljubnostjo izpolnijo svoje obveznosti do družbe. V tem primeru opravljajo veliko služenje človeštvu. Amma je slišala zgodbo: Nekoč je bila skupina moških za eno leto poslana na delo v gozd. Da bi jim kuhali, sta bili zadolženi dve ženski. Po izteku pogodbe sta se z njima poročila dva delavca iz skupine. Naslednji dan je časopis objavil vročo novico: »Dva odstotka moških se je poročilo s 100 odstotki žensk!«

Novinar je užival v zgodbi in se nadvse zabaval.

Amma: Takšno poročanje je v redu, če gre za humor, ne pa za pristno poročanje.

Čokoladni Poljub in tretje oko

Nek častilec je zadremal, medtem ko je skušal meditirati. Amma je vanj vrgla čokoladni Poljub. Amma odlično cilja. Čokolada ga je zadela naravnost na točko med obrvmi. Mož je v trenutku odprl oči. S čokolado v roki se je oziral naokoli, da bi odkril, od kod je prišla. Ko je videla njegovo mučno stanje, je Amma prasnila v smeh. Ko je dojel, da ga je vrgla Amma, mu je zasijal obraz. S čokolado se je dotaknil svojega čela, kot bi se ji priklonil. Toda naslednji trenutek se je glasno zasmejal, vstal s svojega sedeža in stopil do Amme.

Spraševalec: Poljub je zadel prav točko med obrvmi, duhovno središče. Morda mi bo to pomagalo odpreti moje tretje oko.

Amma: Ne bo.

Spraševalec: Zakaj?

Amma: Zato, ker si rekel »morda«; to pomeni, da dvomiš. Tvoja vera ni popolna. Kako se lahko to zgodi, če nimaš vere?

Spraševalec: Torej praviš, da bi se to zgodilo, če bi imel popolno vero?

Amma: Da. Če imaš popolno vero, lahko kadarkoli in kjerkoli pride do uresničitve.

Spraševalec: Misliš resno?

Amma: Da, seveda.

Spraševalec: O moj Bog … izgubil sem veliko priložnost!

Amma: Ne skrbi, bodi zavesten in buden. Priložnosti bodo zopet prišle. Bodi potrpežljiv in še poskušaj.

Možakar je bil videti malce razočaran in obrnil se je, da bi odšel nazaj do svojega sedeža.

Amma: (ga potreplja po hrbtu) Mimogrede, zakaj si se zasmejal naglas?

Ko je slišal to vprašanje, se je častilec zopet zakrohotal.

Spraševalec: Ko sem med meditacijo dremal, sem imel čudovite sanje. Videl sem, da si mi vrgla čokoladni Poljub, da bi me prebudil. Nenadoma sem se zbudil. Potreboval sem nekaj minut, da sem dojel, da si mi resnično vrgla čokoladni Poljub.

Skupaj z njim so Amma in vsi častilci, ki so sedeli okrog Nje, prasnili v smeh.

Narava razsvetljenja

Spraševalec: Ali si glede česa še posebej zaskrbljena ali vesela?

Amma: Zunanjo Ammo skrbi za dobro njenih otrok. In kot del pomoči, da bi Njeni otroci duhovno rastli, se lahko včasih z njimi celó veseli ali vznemirja. Notranja Amma pa je ravnodušna in nenavezana, saj prebiva v stanju nenehne blaženosti in miru. Ničesar, kar se zgodi zunanje, je ne gane, kajti povsem se zaveda celotne slike.

Spraševalec: Končno stanje bivanja je opisano s toliko pridevniki. Na primer: neomajno, trdno, nepremično, nespremenljivo, itd. Zveni, kot da je to stanje trdno kot skala. Amma, prosim, pomagaj mi to razumeti bolje.

Amma: Te besede se uporabljajo zato, da bi izrazile to notranje stanje nenavezanosti, sposobnosti opazovati in biti priča vsemu – da se distanciraš od vseh življenjskih okoliščin.

Vendar razsvetljenje ni kot skala trdno stanje, v katerem izgubiš vse notranje občutke. To je stanje uma, duhovnega znanja, v katerega se lahko umakneš in ostaneš absorbiran kadarkoli želiš. Ko se odpreš v neskončni izvor energije, dobi tvoja sposobnost čutenja in izražanja vsega posebno nezemeljsko lepoto in globino. Če razsvetljena oseba želi, lahko izraža čustva v kakršnikoli intenzivnosti.

Šri Rama je jokal, ko je demonski kralj Ravana ugrabil njegovo sveto soprogo Sito. Dejansko je žaloval tako kot vsako umrljivo človeško bitje in v gozdu spraševal vsa bitja:»Si kaj videl mojo Sito? Kam je odšla, mene pa zapustila samega?«Tudi Krišnove oči so napolnile solze, ko je po zelo dolgem času zopet srečal svojega dragega prijatelja Sudamo. Podobni pripetljaji so se pripetili tudi v Kristusovem in Budovem življenju. Te Mahatme so bile tako prostrane kot neomejeno vesolje in zato so lahko odsevale katerokoli čustvo so želele. Odsevale so, ne pa reagirale.

Spraševalec: Odsevale?

Amma: Tako kot zrcalo, Mahatme povsem spontano delujejo na situacije. Delovanje je, da ješ, ko si lačen. Če pa ješ, kadar hrano vidiš, je to reakcija. To je tudi bolezen. Odzivanje na določeno situacijo, pri čemer ostaneš neprizadet in nato prehod v naslednji trenutek, je tisto, kar počnejo Mahatme.

Čutenje in izražanje čustev ter odkrita podelitev le-teh brez pridržkov, razsvetljenemu bitju samo še doda duhovni sijaj in veličino. Napačno je v tem videti šibkost. To bi prej morali smatrati kot izraz njihovega sočutja in ljubezni na precej bolj človeški način. Kako bi sicer lahko običajni ljudje razumeli njihovo skrb in ljubezen?

175

Videc

S praševalec: Kaj nam preprečuje izkusiti Boga?

Amma: Občutek drugačnosti.

Spraševalec: Kako ga lahko odstranimo?

Amma: Tako, da postajamo vedno bolj zavestni, bolj zavedni.

Spraševalec: Zavedni česa?

Amma: Zavedni vsega, kar se dogaja znotraj in zunaj.

Spraševalec: Kako naj postanemo bolj zavestni?

Amma: Do zavedanja pride, ko spoznaš, da je vse, kar si zamišlja um, nepomembno.

Spraševalec: Amma, Sveti spisi pravijo, da je um inerten, Ti pa praviš, da si um zamišlja. To zveni protislovno. Kako si lahko um zamišlja, če je inerten?

Amma: Tako kot si ljudje, še zlasti otroci, zamišljajo različne podobe na neskončnem nebu. Ko zrejo v nebo, majhni otroci pravijo:»Tam je kočija in tam gre demon. Oh! Glej sijoč obraz tistega nebeškega bitja!« in tako naprej. Ali to pomeni, da so te podobe res na nebu? Ne, otroci si na prostranem nebu te podobe preprosto predstavljajo. V resnici so to oblaki, ki zavzamejo različne oblike. Obstaja le nebo, neskončen prostor – vsa imena in oblike so nanj dodane.

Spraševalec: Toda če je um inerten, kako se lahko sploh doda na Atmana ali ga prekrije?

Amma: Čeprav se zdi, kot da um vidi, je pravi videc Atman. Nakopičena nagnjenja, ki tvorijo um, so kot očala. Vsak človek nosi drugače obarvana očala. Kako vidimo in presojamo svet, je odvisno od barve očal. Za temi očali pa ostaja Atman nepremičen, kot priča, ki s svojo navzočnostjo preprosto razsvetljuje vse. Toda mi zamenjujemo um za Atman. Recimo, da nosimo sončna očala z roza stekli – ali ne vidimo vsega sveta v roza barvi? Torej, kdo je tukaj pravi videc?»Mi« smo pravi videc, očala pa so samo inertna, mar ne?

Če stojimo za drevesom, ne moremo videti sonca. Ali to pomeni, da je drevo sposobno prekriti sonce? Ne, to preprosto kaže omejitve naših oči in vida. Podobno je z občutkom, da lahko um prekrije Atmana.

Spraševalec: Če smo narava Atmana, zakaj bi se morali truditi, da bi ga spoznali?

Amma: Ljudje imajo napačno predstavo, da lahko vse dosežejo skozi trud. Dejansko je trud ponos v nas. V svojem popotovanju k Bogu se bo vsak trud, ki izvira iz ega, sesul in posledica bo neuspeh. To je dejansko božansko sporočilo, sporočilo o potrebi po predanosti in milosti. To nam nazadnje pomaga spoznati meje našega truda, našega ega. Na kratko, trud nas nauči, da samo skozi trud ne bomo dosegli svojih ciljev. Nazadnje je odločujoč dejavnik milost.

Če si prizadevamo bodisi za Božjo uresničitev ali dosego posvetnih želja, je milost tisti dejavnik, ki izpolni cilj.

Nedolžnost je Božanska Šakti

Spraševalec: Ali je nedolžen človek lahko šibka oseba?

Amma: »Nedolžnost« je zelo napačno razumljena beseda. Pripisujejo jo celó neodzivnim in plahim ljudem. Tudi nevedne in nepismene ljudi se pogosto smatra za nedolžne. Nevednost ni nedolžnost. Nevednost je pomanjkanje prave ljubezni, razlikovanja in razumevanja, medtem ko je resnična nedolžnost čista ljubezen obogatena z razlikovanjem in razumevanjem. Je *šakti* (božanska energija). Tudi v plahem človeku je ego. Resnično nedolžna oseba pa je v resnici brez ega; zato je on ali ona najmočnejša oseba.

Amma ne more drugače

Amma (častilki med daršanom): Kaj razmišljaš?

Častilka: Sprašujem se, kako lahko tako dolgo z brezmejno potrpežljivostjo nepretrgoma sediš in Si še vedno tako sijoča?

Amma: (smejé) Hčerka, kako to, da nenehno, brez prekinitve, razmišljaš?

Častilka: Kar zgodi se. Ne morem drugače.

Amma: Torej, to je odgovor: kar zgodi se. Amma ne more drugače.

Kot bi prepoznal svojega ljubljenega

*N*ekdo je Ammi postavil vprašanje o drži iskalca »ljubimec in ljubljeni«, ki sledi poti predanosti.

Amma: Ljubezen se lahko pripeti kjerkoli in kadarkoli. To je tako, kot bi v množici prepoznal svojo ljubljeno. Vidiš jo stati v kotu, obkroženo s tisočimi ljudi, toda tvoje oči jo opazijo, samo njo. Spoznaš se z njo, pogovarjaš se z njo in se zaljubiš, ni tako? Ne razmišljaš – razmišljanje preneha in nenadoma se za nekaj trenutkov znajdeš v srcu. Zaljubljen si. To je podobno, vse se zgodi v delčku sekunde. Si prav tam, v središču svojega srca, ki je čista ljubezen.

Spraševalec: Če je to pravo središče ljubezni, kaj nas potem pripravi, da se oddaljimo in odvrnemo od te točke?

Amma: Posesivnost – z drugimi besedami, navezanost. Ta ubije lepoto te čiste izkušnje. Ko enkrat prevlada navezanost, se oddaljiš in ljubezen postane bridkost.

Občutek, da si nekdo drug

Spraševalec: Ali bom v tem življenju dosegel *samadhi* (razsvetljenje)?

Amma: Zakaj ne bi?

Spraševalec: Če je tako, kaj bi moral storiti, da bi pospešil ta proces?

Amma: Predvsem, pozabi na samadhi in se z močno vero povsem osredotoči na svojo *sadhano* (duhovne vaje). Pravi *sadhak* (duhovni iskalec) bolj verjame v sedanjost kot v prihodnost. Ko svojo vero vlagamo v sedanji trenutek, bo tudi vsa naša energija tukaj in zdaj. Posledica je predanost. Predaj se sedanjemu trenutku in zgodilo se bo.

Vse se zgodi spontano, ko se distanciraš od svojega uma. Ko enkrat pride do tega, boš ostal povsem v sedanjosti. Um je »nekdo drug« v tebi. Um je tisti, ki ustvarja občutek, da si nekdo drug.

Amma ti bo povedala zgodbico: Nekoč je živel priznan arhitekt. Imel je več študentov. Z enim od njih je imel prav poseben odnos. Ni nadaljeval nobenega svojega dela, dokler ni dobil potrditve od tega študenta. Če se študent s kakšnim njegovim načrtom ali skico ni strinjal, je arhitekt takoj odnehal. Arhitekt je risal skico za skico, dokler se študent ni strinjal. Bil je obseden z mnenjem svojega študenta. Ni naredil nobenega koraka naprej, dokler študent ni rekel: »V redu gospod, nadaljujte sedaj s tem načrtom.«

Nekoč sta bila vabljena, da oblikujeta vrata nekega svetišča. Arhitekt je pričel risati različne skice. Kot običajno, je prav vsako pokazal svojemu študentu. Študent je rekel »ne« vsemu, kar je arhitekt ustvaril. Delal je dan in noč, ustvaril na stotine novih dizajnov. Toda študentu ni bil všeč noben od njih. Čas je tekel in kmalu bi morala končati. V nekem trenutku je arhitekt poslal študenta ven, da bi mu pero napolnil s črnilom. Čez nekaj časa se je študent vrnil. Medtem je bil arhitekt zatopljen v oblikovanje naslednjega modela. Ravno takrat, ko se je študent vrnil v sobo, je arhitekt končal nov model in ga takoj pokazal študentu ter ga vprašal: »Kaj pa ta?«

»Da, to je to!« je vznemirjeno rekel študent.

»Zdaj pa vem, zakaj!« je odgovoril arhitekt. »Doslej sem bil obseden s tvojo prisotnostjo in tvojim mnenjem. Zato nikoli nisem mogel biti 100 odstotno navzoč pri tistem, kar sem delal. Sedaj pa, ko si šel stran, sem bil svoboden in sproščen ter ostal predan temu trenutku. Tako se je to zgodilo.«

V resnici ni bila učenčeva prisotnost tista, ki je povzročala blokado; ampak arhitektova navezanost na njegovo mnenje. Ko se je končno lahko od tega distanciral, je bil nenadoma v sedanjosti in prišlo je do genialne stvaritve.

Če misliš, da je samadhi nekaj, kar se bo zgodilo v prihodnosti, samo sediš in sanjariš o njem. S sanjarjenjem o samadhiju zapravljaš veliko *šakti* (božanske energije). Pravilno usmeri to šakti – uporabi jo za to, da se osredotočiš na sedanji trenutek – in do meditacije ali samadhija bo prišlo samo od sebe. Cilj ni v prihodnosti; je v sedanjosti. Biti resnično v sedanjosti je samadhi in to je prava meditacija.

Je Bog moški ali ženska?

Spraševalec: Amma, je Bog moški ali ženska?

Amma: Bog ni niti on niti ona. Bog je onkraj takšnih omejenih definicij. Bog je »To« ali »Tisto«. Toda, če že moraš definirati Boga, bodisi kot njega ali njo, je bolje, da ga definiraš kot njo, ker ona vsebuje njega.

Spraševalec: Ta odgovor lahko razdraži moške, kajti ženske postavi na višji piedestal.

Amma: Niti moški niti ženske ne bi smeli biti postavljeni na višji piedestal, kajti Bog je dal obema častitljivo mesto. Moški in ženske niso bili ustvarjeni zato, da bi tekmovali med seboj, pač pa zato, da bi dopolnjevali življenje drug drugega.

Spraševalec: Kaj misliš z »dopolnjevali«?

Amma: To pomeni, da podpirajo drug drugega in skupaj potujejo k popolnosti.

Spraševalec: Amma, ali ne misliš, da se mnogo moških počuti boljših od žensk?

Amma: Bodisi, da gre za občutek »jaz sem boljši« ali »jaz sem slabši,« oboje je produkt ega. Če moški mislijo: »Mi smo boljši od žensk,« to samo kaže na njihov prenapihnjen ego, ki je zagotovo glavna slabost, prav tako pa je poguben. Podobno, če ženske mislijo, da so slabše od moških, to preprosto pomeni: »Sedaj smo slabše, hočemo pa biti boljše.« Kaj je lahko to drugega kot ego? Oboje je neprimerno in nezdravo stališče, ki povečuje vrzel med moškimi in ženskami. Če ne bomo premostili prepada s spoštovanjem in ljubeznijo do obojih, moških in žensk, bo prihodnost človeštva samo še temnejša.

Duhovnost ustvarja ravnotežje

Spraševalec: Amma, ko si rekla, da je Bog bolj ona kot on, nisi mislila na zunanji videz, mar ne?

Amma: Ne, ne gre za zunanji videz. Notranja uresničitev je tista, ki šteje. V vsakem moškem je ženska in obratno. Ženska v moškem – to pomeni, resnična ljubezen in sočutje v moškem – bi morala biti prebujena. To je pravi pomen Ardhanarishware (na pol boga in na pol boginje) v hinduizmu. Če ženski vidik v ženski spi, ona ni mati in je daleč od Boga. Če pa je ta vidik prebujen v moškem, je on bolj mati in je bližje Bogu. Enako velja za moški vidik. Celoten namen duhovnosti je ustvariti pravo ravnotežje med moškim in žensko. Zato je notranje prebujanje zavesti pomembnejše kot zunanji videz.

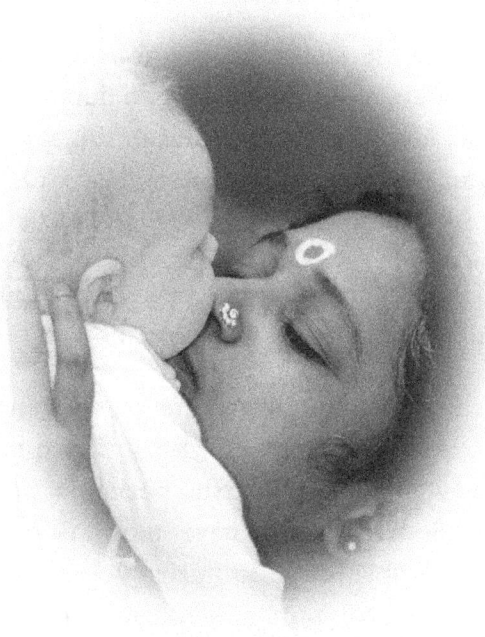

Navezanost in ljubezen

Moški srednjih let je potožil Ammi, kako žalosten je po ločitvi.

Spraševalec: Amma, tako sem jo ljubil in storil vse, da bi jo osrečil. In kljub temu se je v mojem življenju zgodila ta tragedija. Včasih se počutim opustošenega. Pomagaj mi, prosim. Kaj naj storim? Kako naj to prebolim?

Amma: Sin, Amma razume tvojo bolečino in tvoje trpljenje. Težko je premagati takšno čustveno depresivno stanje. Vendar pa je pomembno imeti tudi pravilno razumevanje tistega, s čimer se soočaš, še zlasti zato, ker je to postalo ovira v tvojem življenju.

Najpomembnejše zate je, da premisliš, če ta žalost izvira iz prave ljubezni ali iz navezanosti. V pravi ljubezni ni samouničevalne bolečine, ker jo preprosto ljubiš in si je ne lastiš. Najbrž si preveč navezan nanjo ali pa si jo preveč lastiš. Od tod prihaja ta žalost in depresivne misli.

Spraševalec: Imaš potem kakšno preprosto metodo ali tehniko, da premagam to samouničevalno bolečino?

Amma:»Resnično ljubim ali sem preveč navezan?« Postavi si to vprašanje, kolikor moreš globoko. Razmišljaj o njem. In kmalu boš spoznal, da je ljubezen, kakršno poznamo, pravzaprav navezanost. Večina ljudi hrepeni po navezanosti, ne po pravi ljubezni. Torej, Amma bi rekla, da je to iluzija. Na nek način zavajamo sami sebe. Navezanost zamenjujemo za ljubezen. Ljubezen je središče, navezanost pa je na obrobju. Bodi v središču in se odveži od obrobja. Potem bo bolečina izginila.

Spraševalec: (s tonom priznanja) Imaš prav. Vidim, da je moj prevladujoč občutek do moje bivše žene navezanost in ne ljubezen, kot si mi pojasnila.

Amma: Če si spoznal temeljni vzrok bolečine, potem jo spusti in bodi svoboden. Bolezen je bila diagnosticirana, okužen del je bil najden – zdaj ga odstrani. Zakaj bi želel nositi to nepotrebno breme? Samo odvrzi ga.

Kako premagati
življenjske nevarnosti

Spraševalec: Amma, kako naj prepoznam preteče nevarnosti v življenju?

Amma: S povečanjem svoje moči razlikovanja.

Spraševalec: Ali je razlikovanje isto kot subtilnost uma?

Amma: To je sposobnost uma, da ostane pozoren v sedanjosti.

Spraševalec: Toda, Amma, kako me to opozori na prihodnje nevarnosti?

Amma: Če si pozoren v sedanjosti, se boš v prihodnosti soočal z manj nevarnostmi. Ne moreš pa se izogniti vsem težavam ali jih preprečiti.

Spraševalec: Ali nam *Džotiš* (vedska astrologija) bolje pomaga razumeti prihodnost in se tako izogniti vsem mogočim nevarnostim?

Amma: Celó strokovnjaki na tem področju gredo skozi težka življenjska obdobja. So astrologi, ki so zmožni zelo malo razlikovanja in intuicije. Takšni ljudje ogrožajo tako svoje lastno življenje kot tudi življenja drugih. Ni znanje astrologije ali branje astrološke karte tisto, kar bi te jasno vodilo stran od življenjskih nevarnosti. Tisto, kar človeku resnično pomaga, da bi imel več miru in manj problemov, je globlje razumevanje življenja in razlikovalen pristop do različnih situacij.

Spraševalec: Ali sta razlikovanje in razumevanje ena in ista stvar?

Amma: Da, to je isto. Več razlikovanja imaš, več razumevanja pridobiš in obratno.

Večjo kot imaš sposobnost biti v sedanjosti, bolj boš postal pozoren in več razodetij boš imel. Od božanskega boš sprejel več sporočil. Vsak trenutek ti prinaša takšna sporočila. Če si odprt in dovzeten, jih lahko čutiš.

Spraševalec: Amma, ali praviš, da nam bodo ta razkritja pomagala prepoznati možne prihodnje nevarnosti?

Amma: Da, od takšnih razkritij boš dobil namige in znamenja.

Spraševalec: Kakšne namige in znamenja?

Amma: Kako veš, da boš dobil migreno? Počutil se boš zelo neprijetno in pred očmi boš zagledal črne kroge, mar ne? Ko se simptomi enkrat pojavijo, boš vzel pravo zdravilo in to bo pomagalo. Prav tako se pred neuspehi in življenjskimi nevarnostmi pojavijo določeni znaki. Običajno jih ljudje spregledajo. Če pa imaš jasnejši in bolj dojemljiv um, jih lahko začutiš in narediš potrebne korake, da jih lahko premagaš.

Amma je slišala naslednjo anekdoto: Nek novinar je intervjuval uspešnega poslovneža. Novinar je vprašal:»Gospod, kakšna je skrivnost vašega uspeha?«

Poslovnež:»Dve besedi.«

Novinar:»Kateri sta?«

Poslovnež:»Prave odločitve.«

Novinar:»Kako sprejmete prave odločitve?«

Poslovnež:»Ena beseda.«

Novinar:»Katera je to?«

Poslovnež:»Izkušnja.«

Novinar:»Kako ste pridobili takšno izkušnjo?«

Poslovnež:»Dve besedi.«

Novinar:»Kateri sta?«

Poslovnež:»Napačne odločitve.«

Torej, vidiš, sin, vse je odvisno od tega, kako sprejmeš, razumeš in se predaš situaciji.

Amma ti bo povedala še eno zgodbo: Kurujevci so na povabilo Judhišthire obiskali Indraprašto, kraljevo prestolnico Pandujevcev[4]. Mesto je bilo zgrajeno tako spretno, da so nekateri predeli izgledali kot čudovita jezera, a so bila v resnici le običajna tla. Podobno pa so bili drugi predeli, čeprav so bili videti kot običajna tla, v resnici bazeni napolnjeni z vodo. Vsa okolica je imela fantastično ozračje. Ko je 100 bratov, ki jih je vodil Durjodhana, najstarejši Kurujevec, hodilo skozi čudoviti vrt, so se skoraj slekli, da bi plavali, ker so mislili, da je pred njimi bazen. Vendar so bila to običajna tla, ki so samo dajala videz bazena. Kaj kmalu pa so

---

[4] Pandujevci in Kurujevci so bili nasprotniki, ki so se bojevali v vojni Mahabharate.

vsi bratje, vključno z Durjodhano, padli v pravi bazen, ki je bil videti kot običajna tla in se povsem zmočili. Ko je Pančali, žena petih bratov, videla ta smešen prizor, je prasnila v smeh. Durjodhana in njegovi bratje so se zaradi tega počutili zelo osramočene. To je bil eden od ključnih dogodkov, ki je v bratih Kurujevcih sprožil veliko jeze in želje po maščevanju, kar je pozneje privedlo do vojne Mahabharate in strahotnega opustošenja. Ta zgodba je zelo pomenljiva. Tudi v resničnem življenju se soočamo z mnogimi situacijami, ki so videti zares nevarne in zato takrat podvzamemo številne previdnostne ukrepe. Sčasoma pa se lahko izkažejo kot neškodljive. Druge okoliščine, ki se zdijo varne, pa nazadnje lahko postanejo zelo negotove. Nič ni nepomembno. Zato je pomembno, da imamo *šrado* (ostro razlikovanje, budnost in zavedanje), ko se soočamo z življenjem in različnimi izkušnjami, ki jih to prinaša.

Ne kopiči Božjega bogastva

Spraševalec: Ali je kopičenje in posedovanje grešno?

Amma: Ni grešno, dokler si sočuten. Z drugimi besedami, to moraš biti pripravljen deliti z ubogimi in pomoči potrebnimi.

Spraševalec: Sicer?

Amma: Sicer je to greh.

Spraševalec: Zakaj?

Amma: Zato, ker je vse, kar je tukaj, Božje. Naše lastništvo je začasno; pride in gre.

Spraševalec: Toda, ali Bog ne želi, da koristimo vse, kar je ustvaril za nas?

Amma: Seveda, toda Bog ne želi, da te stvari zlorabljamo. Bog tudi želi, da uporabljamo svoje razlikovanje, medtem ko uživamo vse, kar je ustvaril.

Spraševalec: Kaj je razlikovanje?

Amma: Razlikovanje je uporaba znanja na tak način, da te ne zapelje. Z drugimi besedami, uporaba znanja, da razlikuješ med *dharmo* in *adharmo* (pravičnostjo in nepravičnostjo), med trajnim in začasnim, je razlikovanje.

Spraševalec: Kako naj potem z razlikovanjem uporabljamo posvetne stvari?

Amma: Odpovej se lastništvu – vse stvari smatraj kot Božje in jih uživaj. Ta svet je začasna postaja. Tukaj si samo za neko kratko obdobje, kot obiskovalec. Zaradi svoje nevednosti ločuješ vse, vsako ped zemlje, kot svoje in njihovo. Košček zemlje, ki si ga lastiš za svojega, je prej pripadal mnogim drugim. Zdaj so prejšnji lastniki v njej pokopani. Danes si morda ti na vrsti, da igraš vlogo lastnika, toda zapomni si, nekega dne tudi tebe ne bo več. Potem bo prišel nekdo drug in stopil na tvoje mesto. Torej, je kakšen smisel v lastninjenju?

Spraševalec: Kakšno vlogo naj bi jaz igral tukaj?

Amma: Bodi Božji služabnik. Bog, darovalec vsega, želi Svoje bogastvo deliti z vsemi. Če je to Božja volja, kdo si potem ti, da bi ga hranil zase? Če ga proti Božji volji nočeš deliti, potem je to kopičenje, ki se enači s krajo. Imej držo, da si le obiskovalec tega sveta.

Nekoč je nekdo prišel obiskat Mahatmo. Ker v hiši ni videl nobenega pohištva ali okrasnih predmetov, je mož vprašal veliko dušo:»Čudno, zakaj tukaj ni nobenega pohištva?«

»Kdo si?« ga je vprašal Mahatma.

»Obiskovalec,« je odgovoril moški.

»Tako kot jaz,« je rekel Mahatma.»Zakaj bi se torej moral iti nerazumnega kopičenja stvari?«

Amma in Narava

Spraševalec: Kakšen je Tvoj odnos z Naravo?

Amma: Ammina povezanost z Naravo ni odnos; je popolna Enost. Ljubimec Boga je prav tako ljubimec Narave, ker Bog in Narava nista dvoje. Ko enkrat dosežeš stanje razsvetljenja, postaneš povezan z vsem vesoljem. V Amminem odnosu z Naravo ni ljubimca ali ljubljenega – je samo ljubezen. Ni dvoje; je le eno; je le ljubezen.

Običajnim odnosom primanjkuje prave ljubezni. V odnosih običajne ljubezni sta dva – ali lahko rečeš, da so trije – ljubimec, ljubljeni in ljubezen. V pravi ljubezni pa ljubimec in ljubljeni izgineta. In, kar ostane, je neprekinjena izkušnja čiste, brezpogojne ljubezni.

Spraševalec: Kaj Narava pomeni za človeška bitja?

Amma: Narava ljudem pomeni življenje. Je sestavni del našega življenja. Je medsebojna povezanost, ki se dogaja v vsakem trenutku in na vseh ravneh. Ne le, da smo popolnoma odvisni od Narave, ampak tudi vplivamo nanjo in tudi ona vpliva na nas. In ko resnično ljubimo Naravo, se ta odzove v enaki meri in nam odpre svoje neskončne vire. In prav tako kot takrat, ko resnično ljubimo drugega človeka, bi morali biti tudi v svoji ljubezni do Narave neskončno zvesti, potrpežljivi in sočutni.

Spraševalec: Je ta odnos izmenjava ali vzajemna podpora?

Amma: Je oboje in celó več. Vendar bo Narava obstajala še naprej, pa četudi brez človeških bitij. Vé, kako skrbeti zase. Ljudje pa za svoj obstoj potrebujejo podporo Narave.

Spraševalec: Kaj bi se zgodilo, če bi izmenjava med Naravo in človeškimi bitji postala popolna?

Amma: Prenehala bo skrivati stvari pred nami. Z odprtjem svojih neskončnih zakladov naravnega bogastva nam jih bo dovolila uživati. Varovala, vzgajala in hranila nas bo tako kot mati.

V popolnem odnosu med človeštvom in Naravo se vzpostavi krožno energijsko polje, v katerem se oboje prične pretakati drug v drugega. Ali drugače povedano, ko se človeška bitja zaljubijo v Naravo, se bo ona zaljubila v nas.

Spraševalec: Kaj povzroči, da so ljudje tako kruti do Narave? Je to sebičnost ali pomanjkanje razumevanja?

Amma: Oboje. V bistvu je to pomanjkanje razumevanja, ki se izraža kot sebična dejanja.

V osnovi je to nevednost. Ljudje zaradi nevednosti mislijo, da je Narava samo prostor, iz katerega lahko stalno jemljejo, ne da bi dajali. Večina človeških bitij pozna le jezik izkoriščanja. Zaradi svoje skrajne sebičnosti niso sposobni ceniti svojih sobitij. V današnjem svetu ni naš odnos z Naravo nič drugega kot podaljšek sebičnosti, ki jo čutimo v sebi.

Spraševalec: Amma, kaj misliš s cenjenjem drugih?

Amma: Amma s tem misli ceniti druge s sočutjem. Da bi cenili druge – Naravo ali človeška bitja – je človeku v prvi vrsti potrebno razviti lastnost globoke notranje povezanosti, povezanosti s svojo lastno zavestjo. Zavest v pravem pomenu besede pomeni moč, videti druge kot samega sebe. Prav tako kot vidiš svojo lastno podobo v ogledalu, vidiš druge kot samega sebe. Odsevaš druge, njihova čustva, tako srečo kot žalost. V svojem odnosu z Naravo moramo razviti to sposobnost.

Spraševalec: Prvotni prebivalci te dežele so bili Indijanci. Častili so naravo in bili globoko povezani z njo. Ali misliš, da bi morali to početi tudi mi?

Amma: Kaj bi vsakdo moral početi, je odvisno od njegove mentalne sestave. Vendar Narava je del življenja, del celote. Narava je resnično Bog. Čaščenje Narave je isto kot čaščenje Boga.

S čaščenjem gore Govardhane nas je Gospod Krišna naučil velike lekcije: da izvajamo čaščenje Narave kot del svojega vsakdanjega življenja. Svoje ljudi je prosil, naj častijo goro Govardhano, ker jih je ta zaščitila. Podobno je Gospod Rama, preden je čez morje zgradil most, opravil tri dni stroge pokore, da bi razveselil ocean. Celó Mahatme posvečajo toliko spoštovanja in pozornosti Naravi in iščejo njenih blagoslovov, preden pričnejo s kakršnimkoli delovanjem. V Indiji obstajajo svetišča za ptice, različne živali, drevesa in celó za kuščarje in strupene kače. To poudarja velik pomen povezanosti med ljudmi in Naravo.

Spraševalec: Amma, kakšen je Tvoj nasvet, da bi zopet vzpostavili odnos med človeškimi bitji in Naravo?

Amma: Bodímo sočutni in obzirni. Vzemímo iz Narave samo tisto, kar resnično potrebujemo in potem ji to do neke mere skušajmo vrniti. Kajti samo, če bomo dajali, bomo prejemali. Blagoslov je nekaj, kar se vrne k nam kot odziv na način, na kakršen smo k nečemu pristopili. Če k Naravi pristopimo z ljubeznijo, jo smatramo kot življenje, kot Boga, kot del naše lastne eksistence, potem nam bo služila kot naš najboljši prijatelj, kot prijatelj, ki mu lahko vedno zaupamo, kot prijatelj, ki nas ne bi nikoli izdal. Če pa je naše stališče do Narave napačno, potem se bo Narava namesto z blagoslovom odzvala z negativno reakcijo. Če pri svojem odnosu do nje ne bomo previdni, se bo Narava obrnila proti človeškemu rodu in posledice bodo lahko katastrofalne.

Zaradi škodljivega vedenja ljudi in popolnega prezira do Narave se je mnogo čudovitih Božjih stvaritev že izgubilo. Če bomo tako nadaljevali, bo to le utrlo pot v katastrofo.

Sanjasa, vrhunec
človeškega bivanja

Spraševalec: Kaj je *sanjasa*?

Amma: Sanjasa je vrhunec človeškega bivanja. To je izpolnitev človeškega življenja.

Spraševalec: Je sanjasa stanje uma ali kaj drugega?

Amma: Sanjasa je oboje, stanje uma in stanje »ne uma«.

Spraševalec: Amma, kako lahko pojasniš to stanje ... ali karkoli že je?

Amma: Če je težko razložiti celó posvetne izkušnje, kako lahko pojasnimo sanjaso, najvišjo obliko izkušnje? To je stanje, v katerem ima človek notranje popolno svobodo izbire.

Spraševalec: Amma, vem, da sprašujem preveč, toda kaj misliš z »notranjo svobodo izbire«?

Amma: Človeška bitja so sužnji svojih misli. Um ni nič drugega kot nenehen tok misli. Pritisk, ki ga ustvarijo te misli, napravi iz tebe nemočno žrtev zunanjih situacij. V človeku je nešteto misli in čustev, tako subtilnih kot bolj grobih. Nezmožni, da bi jih pogledali pobliže in razlikovali med dobrimi in slabimi, med ustvarjalnimi in razdiralnimi, večina ljudi zlahka postane žrtev škodljivih impulzov in se poistoveti z negativnimi čustvi. V najvišjem stanju sanjase pa ima človek izbiro, če se bo poistovetil ali ostal ločen od vsakega čustva in vsake misli posebej. Imaš izbiro sodelovati ali ne sodelovati z vsako mislijo, čustvom in dano situacijo. In četudi izbereš, da se boš poistovetil, imaš spet svobodno izbiro, da se umakneš in greš naprej, kadarkoli želiš. To je zares popolna svoboda.

Spraševalec: Kakšen je pomen oker oblačil, ki jih nosijo *sanjasini*?

Amma: To kaže na notranji dosežek ali cilj, ki ga želiš doseči. Pomeni tudi, da te nič več ne zanimajo posvetni dosežki – odprto priznanje, da je tvoje življenje posvečeno Bogu in uresničitvi notranjega Jaza. To pomeni, da je tvoje telo in um zaužil ogenj *vairagje* (nenavezanosti) in da ne pripadaš več nobenemu določenemu narodu, kasti, veroizpovedi, sekti ali religiji. Vendar pa sanjasa ni samo v nošenju barvnih oblačil.

Oblačilo je le simbol, ki kaže stanje bitja, transcendentalno stanje. Sanjasa je notranja sprememba v tvojem stališču do življenja in kako ga dojemaš. Postaneš povsem nesebičen. Odslej nič več ne pripadaš samemu sebi, temveč svetu in tvoje življenje je postalo darovanje v služenju človeštvu. V tem stanju ničesar več ne pričakuješ ali ne zahtevaš od nikogar. V stanju prave sanjase postaneš bolj navzočnost kot osebnost.

Ko učenec med obredom od Mojstra prejme sanjaso, si z zadnjega dela glave odreže majhen čop las, ki ga je vselej nosil. Učenec potem oboje, ta čop las in svojo sveto vrvico[5], daruje v žrtveni ogenj. S tem se simbolično odreče vsem navezanostim na telo, um in razum ter na vse užitke tukaj in v onostranstvu.

---

[5] Jadžnopavitam, ki je sestavljena iz treh niti, se nosi čez telo in predstavlja odgovornosti, ki jih ima človek do družine, družbe in Guruja.

Sanjasini naj bi svoje lase bodisi pustili rasti dolge ali pa si jih povsem obrili. V starih časih so si sanjasini pustili lase rasti v skuštrane kodre. To dokazuje nenavezanost na telo. Nič več te ne zanima lepšanje telesa, ker se prava lepota nahaja v poznavanju Atmana. Telo se spreminja, vene. Kakšen smisel ima, da bi se brez potrebe vezal nanj, če je tvoja prava narava nespremenljivi in nesmrtni notranji Jaz? Vzrok vse žalosti in trpljenja je navezanost na minljivo. Sanjasin je tisti, ki je spoznal to veliko resnico – minljivo naravo zunanjega sveta in neminljivo naravo zavesti, ki daje lepoto in šarm vsemu. Prava sanjasa ni nekaj, kar bi ti bilo lahko dano, to je prej uresničitev.

Spraševalec: Ali to pomeni, da je to dosežek?

Amma: Zopet sprašuješ isto. Sanjasa je vrhunec vseh priprav, poznanih kot *sadhana* (duhovne vaje).

Glej, dosežemo lahko le nekaj, kar ni naše, nekaj, kar ni del nas. Stanje sanjase je pravo jedro našega bivanja, tistega, kar smo v resnici. Dokler tega ne uresničiš, lahko temu rečeš dosežek, ko pa enkrat vzide pravo znanje, spoznaš, da si to pravi ti in da nisi bil nikoli ločen od tega – da nisi mogel biti ločen od tega nikoli.

Ta sposobnost vedeti, kaj smo v resnici, prebiva znotraj vsakogar. Smo v stanju pozabljenja. Nekdo bi nas moral spomniti na to neskončno moč znotraj nas.

Na primer, živel je nek človek, ki si je za preživetje služil z beračenjem na ulici. Nekega dne je k njemu pristopil tujec in mu rekel:»Hej, kaj počneš tukaj? Nisi niti berač niti ciganski potepuh. Multimilijonar si.«

Berač ni verjel tujcu in je odšel stran ter ga povsem ignoriral. Tujec pa je ljubeče vztrajal. Tako je beraču sledil in mu rekel: »Zaupaj mi. Tvoj prijatelj sem in ti želim pomagati. Kar ti govorim, je resnica. Zares si bogat in tvoj zaklad je dejansko zelo blizu tebe.«

Sedaj se je prebudila beračeva radovednost, zato je vprašal: »Zelo blizu mene? Kje?« »Prav v koči, kjer živiš,« je odgovoril tujec. »Malce kopánja bo dovolj, da postane za vselej tvoj.«

Zdaj berač ni hotel zapraviti niti trenutka več. Takoj se je vrnil domov in pričel kopati za zakladom.

Tujec predstavlja pravega Mojstra, ki nam daje ustrezna sporočila in nas prepriča, pregovori in navdihne, naj izbrskamo neprecenljiv zaklad, ki skrit leži v nas. Smo v stanju pozabljenja. Guru nam pomaga spoznati, kdo smo v resnici.

Obstaja le ena sama Dharma

Spraševalec: Ali obstaja mnogo dharm?

Amma: Ne, obstaja le ena sama dharma.

Spraševalec: Toda ljudje govorijo o različnih dharmah.

Amma: To pa zato, ker ne vidijo ene same resnice. Vidijo le mnogovrstna imena in oblike. Seveda, odvisno od *vasan* (nagnjenj) vsakega posameznika, obstaja več kot ena dharma, tako rekoč. Na primer, glasbenik ali glasbenica lahko reče, da je glasba njegova ali njena dharma. Enako lahko poslovnež pravi, da je njegova dharma poslovanje. In to je v redu. Vendar človek ne more najti popolne izpolnitve v ničemur od tega. Prava dharma je tisto, kar daje popolno zadovoljitev ali zadovoljstvo. Karkoli počne, dokler človek ni zadovoljen sam s seboj, se mu bo mir izmikal in bo še naprej imel občutek »nekaj manjka«. Nič, noben posvetni dosežek ne bo zapolnil tega praznega prostora v njegovem ali njenem življenju. Da bo prišlo do tega občutka izpolnitve, bo moral vsakdo najti v sebi svoje središče. To je prava dharma. Dotlej pa lahko v iskanju miru in radosti neprestano hodiš v krogih.

Spraševalec: Če človek zvesto sledi svoji dharmi, ali bo ta prinesla oboje, tako materialno blaginjo kot duhovno rast?

Amma: Da, če človek sledi dharmi v njenem pravem pomenu, ti bo ta zagotovo pomagala doseči oboje.

Demonski kralj Ravana je imel dva brata, Kumbhakarno in Vibhishano. Ko je Ravana ugrabil Sito, sveto soprogo Gospoda Rame, sta oba brata večkrat posvarila Ravano, da to lahko prinese katastrofalne posledice in mu svetovala, naj Sito vrne Rami. On pa je vse njune prošnje povsem ignoriral in nazadnje proti Rami napovedal vojno. Čeprav se je zavedal nepravične drže svojega starejšega brata, je Kumbhakarna zaradi svoje navezanosti nanj in ljubezni do demonske rase, nazadnje Ravani popustil. Vibhishana pa je bil po drugi strani zelo pobožna in iskrena duša. On ni mogel sprejeti *adharmičnega* (nepravičnega) delovanja svojega brata in je še naprej izražal svoje skrbi ter skušal spremeniti bratovo stališče. Ravana pa ni nikoli sprejel, pretehtal ali vsaj poslušal njegovih pogledov. Nazadnje je postal skrajno sebični Ravana tako jezen na svojega najmlajšega brata, da ga je zaradi njegove vztrajnosti izgnal iz dežele. Vibhishana je svoje zatočišče poiskal ob Ramovih stopalih. V vojni, ki je sledila, sta bila Ravana in Kumbhakarna ubita, Sita pa rešena. Pred svojo vrnitvijo v Ayodhyo, Ramovo domovino, je Rama Vibhishano okronal kot kralja Lanke.

Od vseh treh bratov je bil Vibhishana edini, ki je lahko ustvaril ravnotežje med svojo posvetno in duhovno dharmo. Kako mu je to uspelo? To je bil rezultat njegovega duhovnega pogleda celó med opravljanjem svoje posvetne odgovornosti, ne pa tudi obratno. Tak način opravljanja posvetnih dolžnosti pripelje človeka do stanja končne izpolnitve. Nasprotno pa sta imela druga dva brata, Ravana in Kumbhakarna, posvetni pogled, tudi medtem, ko sta opravljala svojo duhovno dharmo.

Drža Vibhishane je bila nesebična. On ni prosil Rame, naj ga napravi za kralja. Želel je biti le trdno usidran v dharmi. Toda ta neomajna zaobljuba in odločnost mu je prinesla vse blagoslove. Dosegel je oboje, materialno in duhovno blaginjo.

Spraševalec: Amma, to je bilo čudovito. Vendar pravi duhovni iskalci ne hrepenijo po materialni blaginji, mar ne?

Amma: Ne, ena sama in edina dharma iskrenega iskalca je razsvetljenje. Ne on ali ona ne bosta zadovoljna z manj kot to izkušnjo. Vse drugo je za takšnega človeka nebistveno.

Spraševalec: Amma, imam še eno vprašanje. Ali misliš, da so Ravane in Kumbhakarne tudi v današnjem svetu? Če je tako, bodo Vibhishane lahko preživeli v družbi?

Amma: (smejé) Ravana in Kumbhakarna sta v vsakomer. Razlika je le v stopnji. Seveda, ljudje s skrajno demonskimi lastnostmi, kakršne sta imela Ravana Kumbhakarna, tudi obstajajo. Dejansko ves kaos in konflikt, ki ga vidimo v današnjem svetu, ni nič drugega, kot skupna vsota takšnih umov. A vendar bodo prave Vibhishane preživeli, ker bodo poiskali zatočišče v Rami ali Bogu, ki jih bo zaščitil.

Spraševalec: Čeprav sem rekel, da je bilo to moje zadnje vprašanje, imam v resnici še eno, če mi Amma dovoli.

Amma: (v angleščini) Prav, vprašaj.

Spraševalec: Kaj Osebno misliš o teh sodobnih Ravanah?

Amma: Tudi oni so Ammini otroci.

Združeno delovanje kot Dharma

V tej *Kali jugi* (temačni dobi materializma) je splošno nagnjenje ljudi po vsem svetu oddaljevanje od drug drugega. Živijo izolirani kot otoki, brez notranje povezanosti. To je nevarno in bo samo še povečalo gostoto teme, ki nas obdaja. Bodisi med ljudmi ali med človeškimi bitji in naravo, je ljubezen tista, ki gradi most, povezanost. Združeno delovanje je moč današnjega sveta. Zato bi morali to upoštevati kot eno od prevladujočih *dharm* (dolžnosti) tega časa.«

Pobožnost in Zavest

Spraševalec: Ali obstaja kakšna povezava med zavestjo in pobožnostjo?

Amma: Čista pobožnost je brezpogojna ljubezen. Brezpogojna ljubezen je predanost. Popolna samopredanost pomeni, da si popolnoma odprt ali razsežen. Ta odprtost ali razsežnost je zavest. To je zares Božanskost.

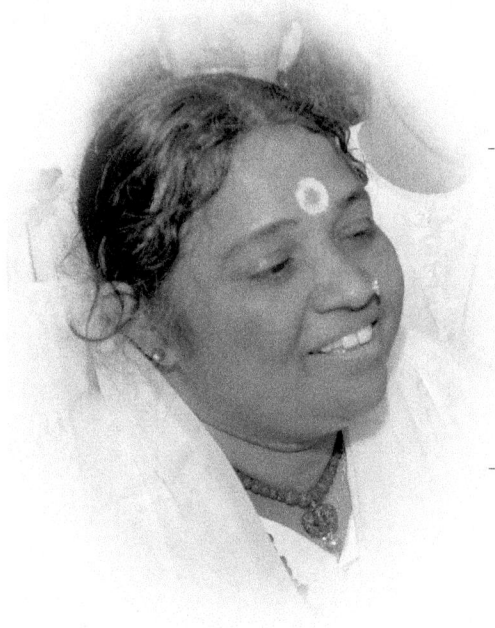

Pomoč, da se odpre zaprto srce učenca

Spraševalec: Amma, Svojim častilcem in učencem praviš, da je za dosego Boga zelo potreben osebni Guru, hkrati pa imaš vse stvarstvo za Svojega Guruja. Ali misliš, da imajo tudi drugi to izbiro?

Amma: Seveda imajo. Toda običajno na duhovni poti izbire ne delujejo.

Spraševalec: V Tvojem primeru je delovala, mar ne?

Amma: V Amminem primeru to ni bila izbira. Prej bi rekla, da je bilo to preprosto spontano. Glej, sin moj, Amma nikogar nič ne sili. Tistim, ki imajo neomajno vero, da vidijo čisto vsako situacijo, tako negativno kot pozitivno, kot sporočilo Boga, zunanji Guru ni nujno potreben. Toda koliko ljudi ima takšno odločnost in moč? Pot k Bogu ni nekaj, kar bi se dalo siliti. To ne deluje. Nasprotno, siljenje lahko ves proces celó poruši. Na tej poti mora biti Guru z učencem brezmejno potrpežljiv. Prav tako kot se popek odpre v čudovito dišečo cvetlico, Guru pomaga, da se popolnoma odpre zaprto srce učenca.

Učenci so nevedni, Guru pa je prebujen. Učenci nič ne vedo o Guruju in o ravni, s katere on ali ona deluje. Zaradi svoje nevednosti lahko občasno postanejo učenci skrajno nepotrpežljivi. Kakor so nagnjeni k obsojanju, lahko Guruju celó kaj očitajo. V takšnih okoliščinah lahko edino brezpogojna ljubezen in sočutje popolnega Mojstra resnično pomaga učencu.

Pomen hvaležnosti

Spraševalec: Kaj pomeni biti hvaležen Mojstru ali Bogu?

Amma: To je ponižna, odprta in pobožna drža, ki ti pomaga sprejeti Božjo milost. Pravi Mojster nima ničesar dobiti ali izgubiti. Ker je nastanjen v najvišjem stanju nenavezanosti, se Mojstra ne dotakne, če si mu hvaležen ali ne. Vendar ti drža hvaležnosti pomaga biti dovzeten za Božjo milost. Hvaležnost je notranja drža. Bodi hvaležen Bogu, ker je to najboljši način, da izstopiš iz ozkega sveta, ki sta ga ustvarila telo in um, ter vstopiš v razsežni notranji svet.

Moč za telesom

Spraševalec: Ali je vsaka duša drugačna in ima ločen indi-vidualni obstoj?

Amma: Ali je elektrika kaj drugačna, ko se različno mani-festira skozi ventilatorje, hladilnike, televizorje in druge naprave?

Spraševalec: Ne, toda, ali imajo duše po smrti različno življenje?

Amma: Imele bodo navidezno različno življenje, odvisno od njihove *karme* (učinkov od nakopičenih preteklih dejanj) in na-kopičenih *vasan* (nagnjenj).

Spraševalec: Ali imajo naše individualne duše tudi v tistem stanju želje?

Amma: Da, toda ne morejo jih izpolniti. Prav tako kot tisti, ki je popolnoma hrom, ne more vstati in vzeti stvari, ki jih želi, takšne duše ne morejo zadovoljiti svojih želja, ker nimajo telesa.

Spraševalec: Kako dolgo ostanejo tako?

Amma: To je odvisno od intenzivnosti njihove *prarabdha karme* (splošnega manifestiranja rezultatov prejšnjih dejanj).

Spraševalec: Kaj se zgodi po tem, ko je ta izčrpana?

Amma: Ponovno se bodo rodili in ciklus se bo nadaljeval, dokler ne bodo spoznali, kdo so v resnici.

Zaradi svojega poistovetenja s telesom in umom mislimo: »Jaz sem tisti, ki dela, jaz sem tisti, ki misli,« in tako dalje in tako naprej. V resnici pa brez navzočnosti Atmana (notranjega Jaza) ne moreta delovati niti telo niti um. Ali lahko kak stroj deluje brez elektrike? Ali ni moč elektrike tista, ki vse poganja? Brez te moči ni niti velikanski stroj nič drugega kot ogromen kup železa ali jekla. Podobno, ni pomembno, kaj ali kdo smo, navzočnost Atmana je tista, ki nam pomaga vse postoriti. Brez njega smo le mrtva snov. Če pozabimo Atmana in postanemo zgolj častilci telesa, je tako, kot da bi ignorirali elektriko in se zaljubili v kos opreme.

Vitalni izkušnji

Spraševalec: Ali lahko popoln Mojster izbere čas in okoliščine svojega rojstva in smrti?

Amma: Samo popolno bitje ima absoluten nadzor nad takšno situacijo. Vsi drugi so med tema dvema vitalnima izkušnjama povsem nemočni. Nihče te ne bo vprašal, kje se želiš roditi ali kdo ali kaj želiš biti. Enako tudi ne boš dobil nobenega sporočila z vprašanjem, če si pripravljen umreti.

Ko Atman (notranji Jaz) ne bo več prisoten, bosta oba, tisti, ki se nenehno pritožuje zaradi svojega majhnega enosobnega stanovanja, kot tudi tisti, ki uživa v razkošju svoje graščine, molče in udobno ležala v majhnem prostoru krste. Tisti, ki niti za sekundo ne more živeti brez klimatizacije, ne bo imel popolnoma nobenih težav, ko bodo na pogrebni grmadi njegovo ali njeno telo požirali plameni. Zakaj? Zato, ker zdaj ni nič drugega kot inertni predmet.

Spraševalec: Smrt je strašna izkušnja, mar ne?

Amma: Strašna je za tiste, ki živijo svoje življenje povsem poistoveteni z egom, ne da bi kaj razmišljali o resničnosti, ki je onkraj telesa in uma.

Upoštevanje drugih

N ek častilec si je želel nezapleteno, lahko razumljivo, kratko razlago duhovnosti.
Amma je dejala:»Duhovnost je sočutno upoštevanje drugih.«

»Fantastično,« je rekel moški in vstal, da bi odšel. Amma ga je nenadoma ujela za roko in rekla:»Sedi.«

Mož je ubogal. Medtem ko je z eno roko držala častilca, ki je pravkar imel *daršan*, se je Amma nagnila k njemu in ga nežno vprašala v angleščini:»Zgodbica?«

Možakar je bil malce zbegan.»Amma, mi želiš povedati zgodbico?«

Amma se je zasmejala in odgovorila:»Ne, ali ti želiš slišati zgodbo?«

Ves vznemirjen je odgovoril:»Seveda želim slišati Tvojo zgodbo. Tako sem blagoslovljen.«

Amma je pričela pripovedovati zgodbo.

»Nekega dne, ko je nek možakar spal s široko odprtimi usti, je vanje priletela muha. In od takrat je človek ves čas čutil, da v njem živi muha.

Kakor je njegova domišljija o muhi rasla, je ubogega moža vse bolj skrbelo. Kmalu je njegova skrb dosegla višek v silnem trpljenju in depresiji. Ni več mogel ne jesti ne spati. V njegovem življenju ni bilo več nobene radosti. Njegove misli so bile neprestano osredotočene na to muho. Vedno ga je bilo videti, kako preganja muho iz enega dela svojega telesa v drugega.

Obiskal je zdravnike, psihologe in psihiatre ter še mnoge druge, da bi mu pomagali znebiti se muhe. Vsi so mu rekli: ,Glej, v redu si. Nobene muhe ni v tebi. Četudi bi muha priletela vate, bi že zdavnaj umrla. Nehaj skrbeti; v redu si.' Vendar možakar ni verjel nikomur in je še naprej trpel. Nekega dne ga je njegov bližnji prijatelj peljal k Mahatmi. Ko je Mahatma z veliko pozornostjo poslušal njegovo zgodbo o muhi, ga je nato pregledal in rekel: ,Imaš prav. Muha je zares v tebi. Vidim jo, kako se premika naokrog.'

Medtem, ko je še vedno gledal v njegova široko odprta usta, je Mojster rekel: ,O, moj Bog! Poglej to! Kako je zrasla v teh mesecih!'

Takoj, ko je Mahatma izrekel te besede, se je možakar obrnil k svojemu prijatelju in svoji ženi ter rekel: ,Vidita, tisti norci niso vedeli ničesar. Ta tovariš tukaj pa me razume. Odkril je muho kot bi trenil.'

Mahatma je rekel: ,Nič se ne premikaj. Celó najmanjši gib lahko zmoti ves postopek.' Potem je možakarja od glave do peta pokril z debelo odejo. ,To bo postopek pospešilo. Želim doseči, da je vse telo in tudi njegova notranjost v temi, tako da muha ne bo mogla videti ničesar. Zato nikakor ne odpiraj oči.'

Možakar je že razvil tako močno vero v Mahatmo, da je bil stoodstotno voljan storiti vse, kar mu bo Mahatma naročil. ,Sedaj se sprosti in bodi pri miru.' Ko je to rekel, je Mahatma odšel v drugo sobo, da bi ujel živo muho. Sčasoma mu je eno uspelo ujeti in vrnil se je z njo v steklenici.

Potem je začel nežno premikati svoje roke po pacientovem telesu. Med tem početjem je Mahatma sproti poročal o gibanju muhe. Rekel je: ,Dobro, zdaj se ne premikaj, sedaj muha sedi na tvojem želodcu ... Preden sem lahko karkoli storil, je odletela in se usedla na vrh pljuč. Skoraj bi jo ujel ... Oh ne, spet mi je

ušla! ... O moj Bog, kako je hitra! ... Zdaj je spet na želodcu ...
Dobro, zdaj bom ponavljal mantro, da bo muha postala negibna.'
Nato se je pretvarjal, da je muho ujel in jo vzel iz njegovega
želodca. Čez nekaj sekund je Mahatma pozval možakarja, naj
odpre oči in umakne odejo. Ko je to storil, mu je Mahatma po-
kazal muho, ki je bila ujeta v steklenici.

Možakar je bil presrečen. Začel je plesati. Svoji ženi je rekel:
,Stokrat sem ti rekel, da sem imel prav, tisti psihologi pa so sami
bedaki. Zdaj bom šel naravnost k njim. Ves svoj denar hočem
nazaj!'

V resnici ni bilo nobene muhe. Edina razlika je bila, da je
Mahatma možakarja upošteval; drugi pa ne. Povedali so mu
resnico, vendar mu niso pomagali. Mahatma pa ga je podpiral,
sočustvoval z njim, ga razumel in mu izkazal pravo sočutje. To
je možakarju pomagalo premagati njegovo slabost.

Moža, njegovo trpljenje in njegovo mentalno stanje je globlje
razumel, zato se je spustil na njegovo raven. Nasprotno pa so drugi
ostali na svoji stopnji razumevanja in pacienta niso upoštevali.«

Amma je premolknila, nato pa nadaljevala:»Sin, to je ves
proces duhovne uresničitve. Mojster upošteva učenčevo muho
nevednosti – ego – kot resnično. Mojster si pridobi popolno so-
delovanje učenca le z upoštevanjem njega in njegove nevednosti.
Brez sodelovanja učenca ne more Mojster storiti ničesar. Vendar
pa resnično vedoželjen učenec ne bo imel nobenih težav sodelo-
vati s pristnim Mojstrom, saj tak Mojster popolnoma upošteva
učenca in njegove ali njene slabosti, preden pomaga učencu, da
se prebudi v resničnost. Prava naloga pravega Mojstra je pomagati
učencu, da tudi on postane mojster vseh situacij.«

Maternica Ljubezni

Spraševalec: Pred kratkim sem bral v neki knjigi, da imamo vsi duhovno maternico. Ali kaj takšnega zares obstaja?

Amma: To je lahko le primerjava. Ne obstaja noben takšen viden organ, znan kot »duhovna maternica«. Morda to pomeni dovzetnost, ki jo moramo razviti, da bi čutili in izkusili ljubezen znotraj sebe. Bog je vsako žensko oskrbel z darom maternice, v kateri lahko otroka nosi, ga hrani, vzdržuje in ga nazadnje rodi. Na podoben način bi morali znotraj sebe ustvariti dovolj prostora za oblikovanje in razvoj ljubezni. Naše meditacije, molitve in mantre bodo to ljubezen hranile in krepile ter postopoma otroku ljubezni pomagale rasti in se razširiti onkraj vseh omejitev. Čista ljubezen v svoji najčistejši obliki je *šakti* (energija).

Ali so duhovni ljudje kaj posebnega?

Spraševalec: Amma, ali misliš, da so duhovnost in duhovni ljudje kaj posebnega?

Amma: Ne.

Spraševalec: Torej?

Amma: Duhovnost je vsako povsem normalno življenje v sozvočju z našim notranjim Jazom. Zato to ni nič posebnega.

Spraševalec: Ali praviš, da živijo normalno življenje samo duhovno usmerjeni ljudje?

Amma: Ali je Amma rekla kaj takega?

Spraševalec: Ne neposredno, toda Tvoja izjava na to namiguje, mar ne?

Amma: To je tvoja interpretacija Amminih besed.

Spraševalec: Dobro, toda kaj misliš o večini ljudi, ki živijo v svetu?

Amma: Ne večina, ali ne živimo vsi v svetu?

Spraševalec: Amma, prosim ...

Amma: Dokler živimo v svetu, smo vsi posvetni ljudje. Vendar pa, kar te naredi duhovnega, je način, kako gledaš na življenje in njegove izkušnje, medtem ko živiš v svetu. Glej, sin moj, vsi mislijo, da živijo normalno življenje. Če živijo normalno življenje ali ne, je to nekaj, kar bi moral odkriti vsak posameznik skozi natančen pogled v lastno notranjost. Morali bi tudi vedeti, da duhovnost ni nekaj neobičajnega ali izjemnega. Duhovnost ni zato, da bi postali kaj posebnega, ampak zato, da postanemo ponižni. Pomembno je tudi razumeti, da je človeško rojstvo že samo po sebi zelo posebno.

Le začasna postaja

Spraševalec: Amma, zakaj je nenavezanost v duhovnem življenju tako pomembna?

Amma: Ne samo duhovni aspiranti, temveč tudi vsi, ki si želijo povečati svoj potencial in mentalni mir, morajo uriti nenavezanost. Biti nenavezan pomeni postati *sakši* (priča) vsem življenjskim izkušnjam. Navezanost um obremeni, nenavezanost pa ga razbremenjuje. Bolj kot je um obremenjen, bolj je napet in bolj si želi biti razbremenjen. V današnjem svetu postajajo človeški umi vse bolj obremenjeni z negativnimi mislimi. To bo naravno priklicalo močan impulz, pristno potrebo po nenavezanosti.

Spraševalec: Amma, resnično želim uriti nenavezanost, toda moja odločnost vedno omahuje.

Amma: Odločnost pride šele z zavestjo. Bolj kot si zavesten, bolj boš odločen. Sin, smatraj svet kot začasno postajo, nekoliko daljšo. Vsi potujemo in to je samo še en kraj, ki smo ga obiskali. Tako kot na vožnji z avtobusom ali vlakom, bomo srečali mnogo sopotnikov, s katerimi se lahko pogovarjamo in delimo svoje misli o življenjskih in posvetnih zadevah. Čez čas se lahko celó navežemo na osebo, ki sedi poleg nas. Vendar pa bo moral vsak potnik izstopiti, ko bo dosegel svoj cilj potovanja. Torej, od trenutka, ko nekoga srečaš ali se nekje nastaniš, ohrani zavest, da se boš nekega dne moral ločiti. Če si jo razvil v povezavi s pozitivno naravnanostjo, te bo ta zavest zagotovo vodila v vseh okoliščinah življenja.

Spraševalec: Amma, ali praviš, da bi moral človek uriti nenavezanost medtem, ko živi v svetu?

Amma: (smejé) Kje pa se še lahko učiš nenavezanosti, če ne med samim življenjem v svetu? Po smrti? V resnici je urjenje nenavezanosti način, kako premagati strah pred smrtjo. Zagotavlja povsem nebolečo in blaženo smrt.

Spraševalec: Kako je to mogoče?

Amma: Če si nenavezan, ostaneš sakši celó ob izkušnji smrti. Nenavezanost je pravilna naravnanost. Je pravilna zaznava. Če se med gledanjem filma poistovetimo z vlogami in jih pozneje v svojem življenju skušamo posnemati, bo to dobro ali slabo? Film glej z zavestjo, da je to samo film; potem boš v njem resnično užival. Prava pot do miru je duhovno razmišljanje in duhoven način življenja.

V reki se ne kopaš brez konca; v njej se skopaš, da bi prišel ven svež in čist. Enako, če si zainteresiran za duhovno življenje, smatraj svoje življenje družinskega človeka kot način, kako izčrpati svoje *vasane* (nagnjenja). Z drugimi besedami, zapomni si, da ne živiš družinskega življenja zato, da bi bil vedno bolj pogreznjen vanj, ampak zato, da boš izčrpal to in druge s tem povezane vasane in se osvobodil suženjstva delovanja. Tvoj cilj bi moral biti izčrpavanje negativnih vasan, ne pa njihovo kopičenje.

221

Kaj um sliši

Spraševalec: Amma, kako definiraš »um«?

Amma: Um je orodje, ki nikoli ne sliši, kar mu je rečeno, ampak samo tisto, kar želi slišati. Rečeno ti je eno, um pa sliši nekaj drugega. Potem pa skozi vrsto rezanja, urejanja in lepljenja izvede operacijo na tistem, kar je slišal. V tem procesu um nekaj odstrani in k originalu doda kaj drugega, interpretira in lošči, dokler ti nazadnje ne ustreza. Potem prepričaš samega sebe, da je to tisto, kar ti je bilo rečeno.

Nekoč je nek mladenič s svojimi starši prišel v ašram. Nekega dne je njegova mati Ammi povedala zanimiv dogodek, ki se je pripetil doma. Mati je rekla svojemu sinu, naj bo malce resnejši pri svojem študiju, ker so bili izpiti že pred vrati. Fantove prioritete pa so bile drugačne. Želel se je ukvarjati s športom in gledati filme. V prepiru, ki je sledil, je fant nazadnje rekel svoji materi: »Mama, ali nisi slišala, da Amma v Svojih govorih poudarja, da je treba živeti v sedanjosti? Za božjo voljo, ne razumem, zakaj te tako skrbi za izpite, ki šele prihajajo, ko pa imam v sedanjosti še toliko drugega početi.« To je bilo tisto, kar je slišal.

Ljubezen in neustrašnost

D a bi ponazorila, kako ljubezen odvzema ves strah, je Amma povedala sledečo zgodbo.

Amma: Pred davnimi časi je živel kralj, ki je vladal indijski državi in je prebival v trdnjavi na vrhu gore. Vsak dan je v trdnjavo prihajala neka ženska prodajat mleko. Prihajala je okrog šeste ure zjutraj, iz trdnjave pa je odhajala pred šesto uro zvečer. Natanko ob šestih zvečer so se ogromna vrata na vhodu v trdnjavo zaprla in po tem ni mogel nihče več vstopiti ali izstopiti, dokler se vrata zjutraj niso zopet odprla.

Vsako jutro, ko je straža odprla ogromna železna vrata, je ženska z vrčem mleka na glavi že stala tam.

Nekega večera pa je bila ura že nekaj sekund čez šest in vrata so se ravno zaprla, ko je ženski uspelo priti do vrat. Doma je imela majhnega dečka, ki je čakal, da se njegova mati vrne. Ženska se je vrgla k stopalom stražarjev in moledovala, naj jo spustijo ven. S solzami v očeh je rekla:»Prosim, usmilite se me. Moj mali sinek ne bo jedel in spal, dokler ne pridem. Ubogi otrok; vso noč bo jokal, ne da bi videl svojo mater. Prosim! Spustite me!« Straža pa je bila neomajna, kajti niso smeli delovati proti ukazom.

Ženska je panično tekala po obrobju trdnjave in obupano skušala najti mesto, kjer bi lahko prišla ven. Ni prenesla misli na svojega nedolžnega fantka, kako zaman nestrpno čaka, da se vrne.

Trdnjavo so obdajale skalnate stene ter gozdovi polni trnatega grmovja, ovijalk in strupenih rastlin. Ko se je stemnilo, je postala mati v mlekarici še bolj nemirna in njena odločnost, da bi bila s svojim otrokom, se je še okrepila. Hodila je ob robu trdnjave in iskala mesto, kjer bi lahko splezala dol in nekako prišla do svojega doma. Nazadnje je odkrila neko mesto, ki je bilo videti sorazmerno manj strmo in globoko. Potem, ko je vrč za mleko skrila v grmovje, se je pričela previdno spuščati s pečine. Med spuščanjem se je večkrat porezala in ranila po vsem telesu. Ne meneč se za vse te nadloge, je neprestano mislila na svojega sina. Naposled ji je uspelo doseči vznožje gore. Mlekarica je pohitela domov in srečna prebila noč s svojim sinkom.

Naslednje jutro, ko so stražarji odprli vrata trdnjave, so bili osupli, ko so zagledali žensko, ki prejšnji večer ni mogla oditi, stati zunaj in čakati, da bi vstopila.

»Če je uspelo splezati z naše neosvojljive trdnjave navadni mlekarici, mora nekje obstajati mesto, kjer lahko najdejo dostop sovražniki in nas napadejo,« so razmišljali. Zavedajoč se resnosti situacije so stražarji žensko takoj aretirali in jo odvedli h kralju.

Kralj je bil zelo razumevajoč in zrel človek. Ljudje vse dežele so hvalili njegovo modrost, srčnost in plemenito naravo. Mlekarico je sprejel z veliko spoštljivostjo. Z združenimi dlanmi v pozdrav je rekel:»O mati, če moja straža govori resnico o tem, da si sinoči pobegnila od tod, bi bila tako prijazna in mi pokazala mesto, kjer ti je uspelo splezati dol?«

Mlekarica je odvedla kralja, njegove ministre in stražo na določeno mesto. Tam je pobrala vrč za mleko, ki ga je prejšnjo noč skrila v grmovje in ga pokazala kralju. Ko je kralj pogledal navzdol po strmem pobočju, jo je vprašal:»Mati, bi nam lahko prosim pokazala, kako ti je sinoči uspelo splezati dol?«

Mlekarica je pogledala navzdol čez strmo, nevarno steno gore in se začela tresti od strahu.»Ne, ne morem!« je zajokala.

»Kako pa si to storila sinoči?« je vprašal kralj.

»Ne vem,« je odgovorila.

»Jaz pa vem,« je blago rekel kralj. »Tvoja ljubezen do tvojega sina ti je dala moč in pogum, da si storila nemogoče.« V pravi ljubezni gre človek onkraj telesa, uma in vseh strahov. Moč čiste ljubezni je neskončna. Takšna ljubezen je vseobjemajoča, vseprežemajoča. V takšni ljubezni lahko človek izkusi enost notranjega Jaza. Ljubezen je dihanje duše. Nihče ne bo rekel: »Dihal bom samo v prisotnosti svoje žene, svojih otrok, svojih staršev in prijateljev. Ne morem dihati v prisotnosti svojih sovražnikov, tistih, ki me sovražijo ali tistih, ki so me zlorabili.« Potem ne bi bil več živ; umrl bi. Enako je ljubezen navzočnost, onkraj vseh razlik. Povsod je navzoča. Je naša življenjska sila.

Čista, nedolžna ljubezen omogoči vse. Ko je tvoje srce napolnjeno s čisto energijo ljubezni, je celó najbolj nemogoča naloga tako lahka, kot utrgati rožo.

Zakaj obstajajo vojne?

Spraševalec: Amma, zakaj je toliko vojn in nasilja?

Amma: Zaradi pomanjkanja razumevanja.

Spraševalec: Kaj pomeni pomanjkanje razumevanja?

Amma: Odsotnost sočutja.

Spraševalec: Ali sta razumevanje in sočutje povezana?

Amma: Da, ko pride do pravega razumevanja, se naučiš resnično upoštevati drugega človeka, tako da prezreš njegove ali njene slabosti. Iz tega se razvije ljubezen. Ko znotraj vzide čista ljubezen, se pojavi tudi sočutje.

226

Spraševalec: Amma, slišal sem Te reči, da je vzrok vojne in konflikta ego.

Amma: Res je. Nezrel ego in pomanjkanje razumevanja sta skoraj ena in ista stvar. Uporabljamo toliko različnih besed, toda v bistvu vse pomenijo eno in isto.

Ko ljudje izgubijo stik s svojim Notranjim Jazom in postanejo bolj poistoveteni s svojim egom, je lahko posledica samo še nasilje in vojna. To je tisto, kar se dogaja v današnjem svetu.

Spraševalec: Amma, ali misliš, da dajejo ljudje prevelik pomen zunanjemu svetu?

Amma: Civilizacija (zunanje udobje in razvoj) in *samskara* (plemenitenje misli in kvalitet) naj bi šli z roko v roki. Toda kaj vidimo v družbi? Nagel propad duhovnih vrednot, kajne? Konflikt in vojna sta najnižji točki bivanja, najvišja pa je samskara.

Stanje današnjega sveta lahko najbolje ponazorimo z naslednjim primerom. Predstavljaj si zelo ozko cesto. Voznika, ki se z avtomobiloma hitro bližata drug drugemu, silovito zavreta. Če se eden od njiju ne bo umaknil in dal prednosti drugemu, se ne bosta mogla izogniti trčenju. Kljub temu pa voznika odločno sedé v svojih sedežih trmasto vztrajata, da ne bosta popustila niti za ped. Situacija se lahko reši samo, če eden od njiju pokaže nekaj ponižnosti in bo pripravljen popustiti drugemu. Potem bi lahko oba zlahka nadaljevala pot, vsak do svojega cilja. Tisti, ki popusti drugemu, lahko občuti tudi radost spoznanja, da se je drugi lahko odpeljal dalje samo zaradi njega.

Kako lahko osrečimo Ammo?

Spraševalka: Amma, kako Ti lahko služim?

Amma: Z nesebičnim služenjem drugim.

Spraševalka: Kako naj te osrečim?

Amma: Pomagaj drugim občutiti srečo. To resnično osrečuje Ammo.

Spraševalka: Amma, ali ne želiš ničesar od mene?

Amma: Da, Amma želi, da si srečna.

Spraševalka: Amma, tako si lepa.

Amma: Toda ta lepota je tudi v tebi. Samo najti jo moraš.

Spraševalka: Rada te imam, Amma.

Amma: Hčerka, v resnici ti in Amma nista dvoje. Vsi smo eno. Obstaja torej le ljubezen.

Resnični problem

S praševalec: Amma, praviš, da je vse Eno. Toda jaz vidim vse kot ločeno. Zakaj je tako?

Amma: Videti stvari kot ločene ali različne ni problem. Resnični problem je, da nismo sposobni videti Enosti za to raznolikostjo. To je napačno zaznavanje, ki je resnično omejitev. Tvoj način gledanja na svet in kaj se dogaja okrog tebe je potreben popravila; po tem se bo vse samodejno spremenilo.

Tako kot potrebuje korekcijo naš vid, ko naše zunanje oči oslabijo – se pravi, ko začnemo videti stvari dvojno – tudi notranje oko potrebuje popravke usklajene z navodili nekoga, ki je nastanjen v izkušnji te Enosti, od *Satguruja* (pravega Mojstra).

S svetom ni nič narobe

Spraševalec: Kaj je narobe s svetom? Zadeve niso videti prav dobro. Lahko v zvezi s tem kaj storimo?

Amma: S svetom ni nič narobe. Težave so s človeškim umom – egom. Tisti, ki dela svet problematičen, je nenadzorovan ego. Malce več razumevanja in sočutja lahko ustvari veliko spremembo. Ego vlada svetu. Ljudje so nemočne žrtve svojega ega. Senzitivne ljudi sočutnih src je težko najti. Poišči svojo notranjo harmonijo, čudovito pesem življenja in ljubezni v samem sebi. Ne deluj iz ega in služi trpečim. Nauči se postaviti druge pred sebe. Toda v imenu ljubezni in služenja drugim se ne zaljubi v svoj ego. Ohrani svoj ego, vendar bodi gospodar svojega uma in ega. Céni vsakogar, kajti to so vrata k Bogu in k tvojemu lastnemu notranjemu Jazu.

Zakaj slediti duhovni poti?

Spraševalec: Zakaj bi moral človek slediti duhovni poti?

Amma: To je tako kot bi seme vprašalo: »Zakaj bi se moralo spustiti pod zemljo, vzkaliti in zrasti?«

Postopanje z duhovno energijo

Spraševalec: Vsaj nekaj ljudi po duhovnem urjenju izgubi svoje duševno zdravje. Zakaj se to zgodi?

Amma: Duhovne vaje pripravljajo tvoje omejeno telo in um na vsebovanje univerzalne *šakti* (energije). Odprejo vrata višji zavesti v tebi. Z drugimi besedami, neposredno se ukvarjajo s čisto šakti. Če nisi previden, lahko povzročijo mentalne in fizične težave. Na primer, luč nam pomaga videti. Toda preveč luči poškoduje naše oči. Podobno je šakti ali blaženost zelo blagodejna. Vendar, če ne veš, kako z njo na pravi način postopati, je lahko nevarna. Le *Satgurujevo* (od pravega Mojstra) vodstvo ti bo pri tem resnično pomagalo.

Tožba in sočutje nedolžnega srca

Majhen deček je pritekel k Ammi in Ji pokazal svojo desno *dlan. Amma je z ljubeznijo prijela njegov prst in ga vprašala v angleščini:* »*Kaj je, otročiček?*« *Obrnil se je in rekel:* »*Tam ...*«

Amma: (v angleščini) Kaj tam?

Deček: Očka ...

Amma: (v angleščini) Kaj očka?

Deček: (pokaže na svojo dlan) Očka se je sem usedel.

Amma: (tesno objame otroka in spregovori angleško) Amma bo poklicala očka.

Takrat je tudi očka prišel do Amme. Rekel je, da se je zjutraj po nesreči usedel na dečkovo dlan. To se je zgodilo doma in to je deček poskušal pojasniti Ammi.

Medtem ko je dečka še vedno držala tesno ob Sebi, je Amma rekla:»Poglej, otročiček moj, Amma bo močno natepla tvojega očka, prav?«

Deček je prikimal. Amma je zaigrala, kot da tepe očeta in dečkov oče se je pretvarjal, da joče. Nenadoma je deček zgrabil Ammo za roko in rekel:»Dovolj.«

Amma je še močneje stisnila dečka k Sebi in se zasmejala. Tudi ostali so se pričeli smejati.

Amma: Poglejte, rad ima svojega očeta. Nikomur ne dovoli, da bi ga prizadel.

Otroci, tako kot ta deček, ki je prišel in brez zadržkov odprl svoje srce Ammi, bi se morali tudi vi naučiti, kako izliti svoje srce Bogu. Čeprav se je Amma le pretvarjala, da tepe njegovega očeta, je bilo to za dečka resnično. Ni želel, da bi njegovega očeta bolelo. Enako, otroci, razumite bolečino drugih in bodite sočutni do vsakogar.

Prebujanje učenca, ki sanja

Spraševalec: Kako lahko Guru učencu pomaga preseči ego?

Amma: Tako, da ustvari potrebne situacije. V resnici je *Satgurujevo* (od pravega Mojstra) sočutje tisto, ki pomaga učencu.

Spraševalec: Torej, kaj natanko pomaga učencu? Situacije ali Gurujevo sočutje?

Amma: Situacije se pojavijo kot rezultat Satgurujevega neskončnega sočutja.

Spraševalec: Ali so te situacije običajne ali kakšne posebne?

Amma: To so običajne situacije. So pa tudi posebne, saj so samo druga oblika Satgurujevega blagoslova za duhovno povzdignjenje učenca.

Spraševalec: Ali obstaja med procesom odstranjevanja ega med Gurujem in učencem kakšen konflikt?

Amma: Um se bo upiral in ugovarjal, ker hoče še naprej spati in sanjati. Noče, da bi ga kaj zmotilo. Vendar je pravi Mojster kalivec učenčevega spanja. En sam in edini cilj Satguruja je prebuditi učenca. Torej obstaja dozdevno navzkrižje. A pravi učenec obdarjen s *šrado* (ljubečo vero) bo uporabil razlikovanje, s katerim bo premagal takšne notranje konflikte.

Poslušnost Guruju

Spraševalec: Ali popolna poslušnost Guruju nazadnje privede do smrti ega?

Amma: Da, tako je. V *Kathopanišadah*, *Satguruja* (pravega Mojstra) predstavlja Jama, Gospod smrti. To pa zato, ker Guru simbolizira smrt učenčevega ega, ki se lahko zgodi le s pomočjo Satguruja.

Poslušnost Satguruju izvira iz učenčeve ljubezni do Guruja. Učenec se bo od Mojstrovega samožrtvovanja in sočutja čutil izjemno navdihnjen. Ganjen zaradi takšne narave Guruja bo ostal spontano odprt in poslušen Guruju.

Spraševalec: Da se soočimo s smrtjo ega, je potreben izjemen pogum, mar ne?

Amma: Seveda, zato jih je to zelo malo sposobnih storiti. Dovoliti egu, da umre, je kot trkanje na vrata smrti. In prav to je storil Nachiketas, mladi iskalec iz *Kathopanišad*. Toda, če imaš pogum in odločnost potrkati na vrata smrti, boš odkril, da smrti sploh ni. Kajti celó smrt ali smrt ega je iluzija.

Obzorje je tukaj

Spraševalec: Kje je skrit notranji Jaz?

Amma: To vprašanje je takšno, kot bi vprašal: »Kje sem skrit?« Nikjer nisi skrit. Si znotraj sebe. Prav tako je tudi notranji Jaz znotraj in zunaj tebe.

Z obale je videti, kot da bi se ocean in obzorje na neki točki stikala. Recimo, da je tam otok in je videti, kot da se drevesa dotikajo neba. Ali bomo videli to stično točko, če gremo tja? Ne, ravno nasprotno, tudi ta točka se bo premaknila drugam. Zdaj bo na drugem mestu. Kje je v resnici obzorje? Obzorje je točno tukaj, kjer stojimo, mar ne? Prav tako je tisto, kar iščeš, točno tukaj. Toda, dokler smo hipnotizirani od svojega telesa in uma, bo ostalo daleč proč.

Kar zadeva najvišje znanje, si kot berač. Potem se pojavi pravi Mojster in ti reče:»Poglej, vse vesolje je tvoje. Odvrzi svojo beraško skledo in poišči zaklad, ki je skrit v tebi.« Tvoja nevednost o resnici povzroči, da nepopustljivo rečeš:»Govoriš neumnosti. Berač sem in hočem beračiti do konca svojega življenja. Prosim, pusti me pri miru.« Ampak *Satguru* (pravi Mojster) te ne bo kar tako pustil. Satguru te bo na to znova in znova opominjal, dokler ne boš v to prepričan in začel iskati.

Na kratko, Satguru nam pomaga prepoznati beraško stanje uma, nas spodbudi, da odvržemo beraško skledo in nam pomaga, da postanemo gospodar vesolja.

Vera in rožni venec

M ed Devi Bhavo v San Ramonu v Kaliforniji sem se ravno odpravljal peti *badžane* (duhovne pesmi), ko je k meni pristopila gospa s solzami v očeh. Rekla je:»Izgubila sem nekaj, kar je zame zelo dragoceno.« Gospa je zvenela zelo obupano. Povedala je:»Zgoraj na balkonu sem spala z rožnim vencem, ki mi ga je podarila moja babica. Ko sem se zbudila, ga ni bilo več. Nekdo mi ga je ukradel. Zame je bil neprecenljive vrednosti. O moj Bog, kaj naj sedaj storim?« Začela je jokati.

»Ste iskali pri izgubljenih in najdenih predmetih?« sem jo povprašal.

»Da,« je rekla. »Toda tam ga ni.«

Rekel sem:»Ne jočite, prosim. Objavimo po zvočniku. Če ga je kdo našel ali po pomoti vzel, ga bo najbrž vrnil, ko boste pojasnili, kako je za vas dragocen.«

Ravno sem jo nameraval pospremiti k centru za ozvočenje, ko je rekla:»Kako se lahko to zgodi na noč Devi Bhave v času Amminega daršana?«

Ko sem to slišal, sem ji spontano rekel:»Poglejte, niste bili dovolj pazljivi. Zato ste izgubili rožni venec. Zakaj ste spali z rožnim vencem v roki, če je za vas tako dragocen? Nocoj so tukaj zbrani različni ljudje. Amma ne zavrne nikogar. Dovoli, da se vsakdo udeleži Njenega daršana in občuti radost. Vedoč to, bi morali bolje paziti na svoj rožni venec. Krivite Ammo, namesto da bi prevzeli odgovornost, da sami niste bili pazljivi.«

Gospe nisem prepričal. Rekla je: »Moja vera v Ammo se je zamajala.«

Vprašal sem jo: »Ste sploh imeli kaj vere, če ste jo zdaj izgubili? Če ste imeli kakršno koli pravo vero, kako ste jo lahko izgubili?«

Ničesar ni rekla. Usmeril sem jo k mikrofonu in dala je objavo.

Nekaj ur pozneje, ko sem prenehal peti, sem to gospo zopet srečal ob glavnem vhodu v dvorano. Čakala me je. Povedala mi je, da je našla svoj rožni venec. Nekdo ga je videl ležati na balkonu in ga vzel misleč, da je Ammino darilo zanj. Ko pa je slišal objavo, ga je prinesel nazaj.

Gospa je rekla: »Hvala za vaš nasvet.«

»Hvala Ammi, saj je bila Ona tako sočutna, da ni želela, da izgubite vero,« sem odgovoril. Preden sem se od nje poslovil, sem ji rekel: »Čeprav so tukaj različni ljudje, vsi ljubijo Ammo; sicer ne bi nikoli več videli svojega rožnega venca.«

Ljubezen in predanost

Spraševalec: Amma, kakšna je razlika med ljubeznijo in predanostjo?

Amma: Ljubezen je pogojna. Predanost je brezpogojna.

Spraševalec: Kaj to pomeni?

Amma: Pri ljubezni sta ljubimec in ljubljeni, učenec in Mojster, častilec in Bog. Pri predanosti pa to dvoje izgine. Je samo Mojster: je samo Bog.

Zavest in budnost

Spraševalec: Je zavest isto kot *šrada* (ljubezen in vera)?

Amma: Da, več šrade imaš, bolj boš zavesten. Pomanjkanje zavesti ustvarja ovire na poti do večne svobode. To je kot vožnja skozi meglo. Ničesar ne moreš videti jasno. Je tudi nevarno, saj se lahko vsak hip pripeti nesreča. Po drugi strani pa ti dejanja, ki so storjena zavestno, pomagajo spoznati tvojo prirojeno božanskost. Iz trenutka v trenutek ti pomagajo povečati tvojo pozornost.

Vera vse poenostavi

Spraševalec: Zakaj je tako težko doseči Samouresničitev?

Amma: Dejansko je Samouresničitev preprosta, ker nam je Atman (notranji Jaz) najbližji. Um je tisti, ki to oteži.

Spraševalec: Vendar sveti spisi in Veliki Mojstri ne govorijo tako. Sredstva in metode so tako stroge.

Amma: Sveti spisi in veliki Mojstri jih vedno skušajo poenostaviti. Stalno te opozarjajo na to, da je notranji Jaz ali Bog tvoja prava narava, kar pomeni, da ni daleč od tebe. To je pravi ti, tvoj originalni obraz. Toda, da lahko vsrkaš to resnico, moraš imeti vero. Nevera napravi pot strogo, vera pa jo poenostavi. Reci otroku: »Ti si kralj,« in v trenutku se bo poistovetil z njim ter se začel igrati, da je kralj. Ali imajo odrasli takšno vero? Ne, nimajo. Zato je to zanje težko.

Osredotočanje na Cilj

Spraševalec: Amma, kako lahko človek pospeši svoje duhovno potovanje?

Amma: Skozi iskreno *sadhano* (duhovne vaje) in osredotočanje na Cilj. Za vselej pomni, da je tvoje fizično življenje na tem svetu namenjeno duhovni izpolnitvi. Tvoje razmišljanje in življenje bi moralo biti oblikovano tako, da bi ti pomagalo napredovati na poti.

Spraševalec: Je osredotočanje na Cilj isto kot nenavezanost?

Amma: Pri tistem, ki je osredotočen na Cilj, se nenavezanost pojavi samodejno. Na primer, če potuješ v drugo mesto, kjer imaš nujen opravek, bo tvoj um stalno usmerjen na tvoj cilj potovanja, kajne? Morda boš videl čudovit park in jezero, prijetno restavracijo, žonglerja, ki žonglira s petnajstimi žogicami in tako naprej, toda, ali te bo karkoli od tega pritegnilo? Ne. Tvoj um bo nenavezan na te zanimivosti in zavezan cilju poti. Enako, če je človek resnično osredotočen na Cilj, samodejno sledi nenavezanost.

Delovanje in suženjstvo

Spraševalec: Nekateri verjamejo, da delovanje ustvarja ovire na duhovni poti in se je zato priporočljivo vzdržati dela. Je to res?

Amma: To je najbrž definicija lenih. Karma (delovanje) sama po sebi ni nevarna. Vendar, ko ni združena s sočutjem, ko se jo uporablja za osebni užitek in le za izpolnitev skritih motivov, postane nevarna. Na primer, zdravnik mora biti med operacijo popolnoma zavesten, prav tako pa mora imeti tudi sočutno držo. Če namesto tega premišljuje o težavah doma, se njegov ali njen nivo zavedanja zmanjša. To lahko celó ogrozi bolnikovo življenje. Takšna karma je *adharma* (nepravilno delovanje). Po drugi strani pa mu občutek zadovoljstva, ki ga zdravnik pridobi iz uspešne operacije, lahko pomaga, da se povzpne višje, če je usmerjeno pravilno. Z drugimi besedami, kadar se karma izvaja z zavestjo in s sočutjem kot svojo gonilno silo, ta pospeši človekovo duhovno potovanje. Nasprotno pa, kadar počnemo stvari z malo ali nič zavesti in s pomanjkanjem sočutja, postane delovanje nevarno.

Da bi razlikovanje raslo

Spraševalec: Amma, kako razlikovanje raste?

Amma: Skozi preudarno delovanje.

Spraševalec: Ali je razlikujoč um zrel um?

Amma: Da, duhovno zrel um.

Spraševalec: Ima takšen um večje sposobnosti?

Amma: Večje sposobnosti in večje razumevanje.

Spraševalec: Razumevanje česa?

Amma: Razumevanje vsega, vsake situacije in izkušnje.

Spraševalec: Ali misliš tudi negativnih in bolečih situacij?

Odgovor: Da, vseh. Celó boleče izkušnje, ko jih globlje razumemo, imajo pozitiven učinek na naše življenje. Tik pod površjem vseh izkušenj, bodisi dobrih ali slabih, je duhovno sporočilo. Torej, gledanje vsega od zunaj je materializem, gledanje vsega od znotraj pa duhovnost.

Končen skok

Spraševalec: Amma, ali obstaja točka v iskalčevem življenju, ko mora on ali ona preprosto počakati?

Amma: Da. Po dolgotrajnem opravljanju duhovnih vaj, v katere je bil vložen ves potreben trud, bo prišlo do točke, ko mora *sadhak* (duhovni iskalec) prenehati z vso *sadhano* (duhovnimi vajami) in potrpežljivo počakati, da bo prišlo do uresničitve.

Spraševalec: Ali lahko iskalec na tej točki sam napravi skok naprej?

Amma: Ne, dejansko je to odločilna točka, ko potrebuje sadhak brezmejno pomoč.

Spraševalec: Mu bo Guru priskrbel to pomoč?

Amma: Da, na tej točki lahko sadhaku pomaga samo *Satgurujeva* (od pravega Mojstra) milost. To je takrat, ko sadhak potrebuje absolutno prizanesljivost. Kajti sadhak je opravil, kar je mogel; vložil je ves svoj trud. Zdaj je nemočen. On ali ona ne ve, kako naj napravi zadnji korak. Na tej točki se lahko iskalec celó zmede in se obrne nazaj k svetu misleč, da ne obstaja nobeno takšno stanje, kot je Samouresničitev. Iskalca bo navdihnila samo Satgurujeva prisotnost in milost ter mu ali ji pomagala preseči to stanje.

Najsrečnejši trenutek v Amminem življenju

Spraševalec: Amma, kateri je najsrečnejši trenutek v Tvojem življenju?

Amma: Vsak trenutek.

Spraševalec: To pomeni?

Amma: Amma meni, da je Amma nenehno srečna, kajti kar se tiče Amme, obstaja le čista ljubezen.

Amma nekaj časa ni govorila. Daršan se je nadaljeval. Potem je nek častilec prinesel sliko Boginje Kali, ki pleše na prsih Gospoda Šive, da bi jo Amma blagoslovila. Amma je to sliko pokazala častilcu v vrsti za vprašanja.

Amma: Poglej to sliko. Čeprav je Kali videti kruta, je kljub temu v blaženem stanju. Ali veš zakaj? Zato ker je pravkar odsekala glavo svojega ljubljenega učenca, njegov ego. Glava velja za sedež ega. Kali slavi ta dragoceni trenutek, ko je njen učenec popolnoma presegel svoj ego. Še ena duša, ki je dolgo tavala v temi, je bila osvobojena iz prijema *maje* (iluzije). Ko oseba doseže odrešenje, se dvigne in prebudi *kundalini šakti* (duhovno energijo) vsega stvarstva. Od tedaj on ali ona vidi vse kot božansko. To je pričetek neskončnega praznovanja. Torej Kali pleše v ekstazi.

Spraševalec: Ali želiš reči, da je tudi Zate najsrečnejši trenutek takrat, ko so Tvoji otroci zmožni preiti onkraj svojega ega?

Sijoč nasmeh je obsijal Ammin obraz.

Največje darilo, ki ga daje Amma

Nek starejši častilec, ki je imel raka že v visokem stadiju, je prišel na Ammin *daršan*. Vedoč, da bo zelo kmalu umrl, je rekel:»Zbogom, Amma. Najlepša hvala za vse, kar Si mi dala. Tega otroka Si oblila s čisto ljubeznijo in mi pokazala pot skozi to boleče obdobje. Brez Tebe bi se že zdavnaj zrušil. Vedno zadržuj to dušo v Svoji bližini.« Ko je to rekel, je častilec prijel Ammino roko in jo položil na svoje prsi.

Mož je nato zaihtel in si obraz pokril z dlanmi. Amma ga je ljubeče stisnila k Svoji rami in Si prav tako brisala solze, ki so Ji tekle po licih.

Ko je dvignila njegovo glavo s Svoje rame, ga je pogledala globoko v oči. Prenehal je jokati. Videti je bil celó veder in močan. Rekel je:»Zaradi vse ljubezni, ki Si mi jo dala, Amma, Tvoj otrok ni žalosten. Moja ena sama in edina skrb je, če bom ali ne ostal v Tvojem naročju tudi po smrti. Zato sem jokal. Sicer sem dobro.«

Amma je strmeč v njegove oči z globoko ljubeznijo in skrbjo nežno rekla:»Ne skrbi, otrok moj. Amma ti zagotavlja, da boš večno ostal v Njenem naročju.«

Obraz moža je nenadoma zažarel z brezmejno radostjo. Videti je bil tako miren. S še vedno mokrimi očmi ga je Amma tiho opazovala, ko je odhajal.

Ljubezen vse oživi

Spraševalka: Amma, če je vse prežeto z zavestjo, ali imajo potemtakem tudi neživi predmeti zavest?

Amma: Imajo zavest, ki je ne moreš čutiti ali razumeti.

Spraševalka: Kako lahko to razumemo?

Amma: Skozi čisto ljubezen. Ljubezen vse oživi in ozavesti.

Spraševalka: Jaz imam ljubezen, toda ne vidim vsega kot živo in zavestno.

Amma: To pomeni, da je nekaj narobe s tvojo ljubeznijo.

Spraševalka: Ljubezen je ljubezen. Kako je lahko z ljubeznijo kaj narobe?

Amma: Prava ljubezen je tista, ki nam povsod pomaga izkusiti življenje in življenjsko silo. Če ti tvoja ljubezen tega ne omogoča videti, takšna ljubezen ni prava ljubezen. To je navidezna ljubezen.

Spraševalka: Toda to je nekaj, kar je tako težko razumeti in izvajati, ali ni tako?

Amma: Ne, ni tako.

Častilka je z zbeganim pogledom na svojem obrazu ostala tiho.

Amma: Ni tako težko kot misliš. V resnici to počno skoraj vsi. Le da se tega ne zavedajo.

Ravno takrat je ena od častilk prinesla svojo mačko, da bi jo Amma blagoslovila. Amma je za trenutek prenehala govoriti. Za nekaj trenutkov je nežno prijela mačko in jo pobožala. Potem je previdno namazala njeno čelo s sandalovo pasto in jo nahranila s Heršejevim poljubčkom.

Amma: Fantek ali punčka?

Častilka: Punčka.

Amma: Kako ji je ime?

Častilka: Rozi … (zelo zaskrbljeno) Zadnja dva dni se ne počuti dobro. Prosim, blagoslovi jo, Amma, da bo hitro ozdravela. Ona je moja zvesta prijateljica in družabnica.

Ko je gospa izgovorila te besede, so ji v oči privrele solze. Amma je mačko ljubeče otrla z nekaj svetega pepela, nato pa jo izročila nazaj častilki, ki je srečna odšla od Amme.

Amma: Za to hčerko njena mačka ni ena izmed milijonov mačk; njena mačka je edinstvena. Skoraj ji je kot človek. Zanjo ima njena »Rozi« svojo lastno osebnost. Zakaj? Ker ima mačko tako rada. Silno je poistovetena z njo.

To počnejo ljudje po vsem svetu, mar ne? Poimenujejo svoje mačke, pse, papagaje in včasih celó drevesa. Ko jih poimenujejo in si jih prisvojijo, postane žival, ptica ali rastlina za takšno osebo posebna in drugačna od drugih iste vrste. Nenadoma privzame položaj nečesa več kot zgolj nekega bitja. To poistovetenje posameznika s tem bitjem mu podari novo življenje. Poglej majhne otroke. Zanje postane lutka živa in zavestna stvar. Z lutko se pogovarjajo, jo hranijo in spijo z njo. Kaj daje lutki življenje? Otrokova ljubezen do nje, mar ne? Ljubezen lahko celó sam predmet preobrazi v živo in zavestno stvar.

Povej zdaj Ammi, je takšna ljubezen težka?

Velika lekcija v odpuščanju

Spraševalec: Amma, ali obstaja kaj, kar bi mi rada zdaj povedala? So na tej točki mojega življenja kakšna posebna navodila zame?

Amma: (smejé) Bodi potrpežljiv.

Spraševalec: Je to vse?

Amma: To je veliko.

Častilec se je obrnil in se oddaljil za nekaj korakov, ko mu je Amma zaklicala: »… in tudi odpuščaj.«

Ko je slišal Ammine besede, se je moški obrnil in vprašal: »*Ali govoriš meni?*«

Amma: Da, tebi.

Možakar se je vrnil k Ammi.

Spraševalec: Prepričan sem, da na nekaj namiguješ, kot je to vedno bila moja izkušnja v preteklosti. Amma, prosim, jasno mi povej, kaj predlagaš.

Amma je še naprej dajala daršan, medtem ko je moški čakal, da bi izvedel več. Nekaj časa ni rekla ničesar.

Amma: Mora biti nekaj, nek dogodek ali situacija, ki se je v tvojem umu nenadoma dvignila na površje. Zakaj bi se sicer tako hitro odzval, ko si slišal Ammo reči »odpuščaj«? Sin, nisi se odzval enako, ko ti je Amma rekla »bodi potrpežljiv«. To si sprejel in začel odhajati, mar ne? Nekaj te resnično muči.

Ko je slišal Ammine besede, je nekaj časa tiho sedel s sklonjeno glavo. Nenadoma je pričel jokati ter si obraz pokril z dlanmi. Amma ni mogla prenesti pogleda na to, kako Njen otrok joče. Ljubeče mu je obrisala solze in ga podrgnila po prsih.

Amma: Ne skrbi, sin. Amma je s teboj.

Spraševalec: (med ihtenjem) Prav imaš. Nisem sposoben odpustiti svojemu sinu. V zadnjem letu nisem spregovoril z njim. Globoko sem prizadet in zelo jezen nanj. Amma, pomagaj prosim.

Amma: (sočutno pogleda častilca) Amma razume.

Spraševalec: Pred približno letom dni je nekega dne prišel domov brezupno zadet. Ko sem ga vprašal, zakaj se tako vede, je postal nasilen in je vpil name, potem pa začel razbijati krožnike in uničevati druge stvari. Povsem sem izgubil potrpljenje in ga vrgel iz hiše. Od tedaj ga nisem niti videl niti spregovoril z njim.

Moški je bil videti resnično nesrečen.

Amma: Amma vidi tvoje srce. Vsakdo bi v takšni situaciji izgubil nadzor. Ne imej občutkov krivde zaradi tega dogodka. Vendar pa je zate pomembno, da mu odpustiš.

Spraševalec: Želim si, toda nisem sposoben pozabiti in iti naprej. Kadarkoli mi moje srce pravi, da naj mu odpustim, moj um ugovarja. Moj um pravi:»Zakaj bi mu moral odpustiti? On je zagrešil napako, torej naj se on pride pokesat in poiskat moje odpuščanje.«

Amma: Sin, ali resnično želiš rešiti to situacijo?

Spraševalec: Da, Amma. Hočem in želim pomagati ozdraviti svojega sina in samega sebe.

Amma: Če je tako, nikoli ne poslušaj svojega uma. Um ne more ozdraviti ali rešiti nobene takšne situacije. Nasprotno, um jo bo otežil in te še bolj zmedel.

Spraševalec: Amma, kakšen je Tvoj nasvet?

Amma: Amma morda ne bo mogla reči tistega, kar želiš slišati. Lahko pa ti pove, kaj ti bo resnično pomagalo ozdraviti ta položaj in kaj bo prineslo mir med teboj in tvojim sinom. Zaupaj in stvari se bodo postopoma uredile.

Spraševalec: Ljubeznivo me pouči, Amma. Po svojih najboljših močeh bom skušal storiti, karkoli boš rekla.

Amma: Karkoli se je zgodilo, se je zgodilo. Najprej si to dovoli verjeti in sprejeti. Potem se zavedaj, da je bil za verigo dogodkov, ki so se dogodili tistega dne, onkraj znanega vzroka tudi neznan vzrok. Tvoj um je nepopustljiv in želi za vse kriviti tvojega sina. Dobro. Kar se tiče tega dogodka, je bil morda res on kriv. Vendar...

Spraševalec: (nestrpno) Amma, nisi dokončala, kar Si nameravala reči.

Amma: Naj te Amma nekaj vpraša. Ali si bil zelo spoštljiv in ljubeč do svojih staršev, zlasti do očeta?

Spraševalec: (videti nekoliko zbegan) Z materjo, da, imel sem zelo lep odnos ... z očetom pa sem imel grozen odnos.

Amma: Zakaj?

Spraševalec: Zato, ker je bil zelo strog in mi je bilo zelo težko sprejeti njegove metode.

Amma: In seveda so bili tudi časi, ko si bil zelo grob do njega, kar je prizadelo njegova čustva, ali ni tako?

Spraševalec: Da.

Amma: To pomeni, da tisto, kar si ti storil svojemu očetu, se zdaj vrača k tebi v obliki tvojega sina, njegovih besed in dejanj.

Spraševalec: Amma, verjamem Tvojim besedam.

Amma: Sin, ali nisi precej trpel zaradi tvojega napetega odnosa z očetom?

Spraševalec: Da, sem.

Amma: Si mu kdaj odpustil in ozdravil vajin odnos?

Spraševalec: Da, vendar šele nekaj dni pred njegovo smrtjo.

Amma: Sin, ali želiš, da gre tvoj sin skozi enako trpljenje, kar bo posledično prineslo bridkost tudi tebi?

Moški je planil v jok, medtem ko je zmajal z glavo in rekel: »*Ne, Amma, ne ... nikoli.*«

Amma (držeč ga tesno ob sebi) Zato odpusti svojemu sinu, kajti to je pot do miru in ljubezni.

Moški je potem še dolgo časa sedel poleg Amme in meditiral. Ko je odhajal, je rekel: »*Počutim se tako lahkega in sproščenega. Čim bo mogoče, se bom sestal s svojim sinom. Hvala, Amma. Najlepša hvala.*«

Daršan

Spraševalec: Kako naj ljudje pristopijo do Tebe, da bi lahko od Tvojega *daršana* dobili kar največ?

Amma: Kako najmočneje izkusimo lepoto in vonj cvetlice? Tako da se tej cvetlici popolnoma odpremo. Predpostavimo, da imaš zamašen nos. Zgrešil boš vonj. Na podoben način, če tvoj um blokirajo obsojajoče misli in predsodki, boš zgrešil Ammin daršan.

Znanstvenik gleda cvetlico kot poskusni predmet; pesnik pa kot navdih za pesem. Kaj pa glasbenik? On cvetlico opeva. In zeliščar jo bo videl kot vir učinkovitega zdravila, kajne? Za žival ali žuželko ni nič drugega kot hrana. Nihče od njih cvetlice ne vidi kot cvetlico, kot celoto. Enako so tudi ljudje različne narave. Amma vsakogar sprejme enako – vsem da enako priložnost, enako ljubezen, enak daršan. Nikogar ne odslovi, kajti vsi so

Njeni otroci. Vendar, odvisno od dovzetnosti prejemnika, bo vsak daršan drugačen.

Daršan je vedno na voljo. Je tok brez konca. Samo sprejeti ga moraš. Če se lahko povsem umakneš iz svojega uma vsaj za eno sekundo, se bo zgodil daršan v vsej svoji polnosti.

Spraševalec: Ali v tem pogledu vsakdo sprejme Tvoj daršan?

Amma: To je odvisno od tega, koliko je oseba odprta. Bolj je odprta, več daršana sprejme. Čeprav ne v celoti, pa vsakdo sprejme vsaj bežen vpogled.

Spraševalec: Bežen vpogled česa?

Amma: Bežen vpogled v tisto, kar v resnici so.

Spraševalec: Ali to pomeni, da bodo dobili bežen vpogled tudi v tisto, kar si v resnici Ti?

Amma: Resnica v obeh, v tebi in Ammi, je ista.

Spraševalec: Kaj je to?

Amma: Blažena tišina ljubezni.

Ne misliti, ampak zaupati

Novinar: Amma, kakšen je Tvoj namen tukaj, na tem planetu?

Amma: Kakšen pa je *tvoj* namen tukaj, na tem planetu?
Novinar: V svojem življenju sem si postavil cilje. Mislim, da sem tukaj zato, da jih izpolnim.

Amma: Tudi Amma je tukaj zato, da izpolni določene cilje, ki so koristni za družbo. Vendar za razliko od tebe Amma ne le *misli*, da bodo ti cilji doseženi. Amma popolnoma zaupa, da bodo ti cilji doseženi.

AUM TAT SAT

www.ingramcontent.com/pod-product-compliance
Lightning Source LLC
LaVergne TN
LVHW051543080426
835510LV00020B/2833